Manchmal haben wir den naiven Wunsch, noch einmal
neu anfangen zu können. Das ist bei Filmaufnahmen
möglich: Es wird einfach noch einmal gedreht. Im
wirklichen Leben ist das etwas schwieriger. Es ist aber
möglich, einen Neubeginn zu setzen. Es muss nicht
alles so weitergehen wie bisher. Einen neuen Anfang
setzen können: Das ist es, was es heißt, frei zu sein.
Das können kleine und große Anfänge sein. Immer
geht es darum, neue Spielräume zu sehen und zu
nützen. Das gilt auch für unser religiöses Leben.

Mit dem vorliegenden Buch möchten wir getaufte
Christinnen und Christen einladen, die eigenen
geistlichen Überzeugungen neu in den Blick zu
nehmen, gleichsam ein „spirituelles Update" zu
machen. Und wer noch wenig vom Christentum weiß,
ist ebenfalls eingeladen, sich auf die Botschaft Jesu
einzulassen. Dazu dient dieses Buch.

Der erste Teil ist eine Hinführung zur Heiligen Schrift;
Basics, die uns helfen, die Bibel für unser Leben zu

Dominik Markl SJ
Bruno Niederbacher SJ
Robert Deinhammer SJ

christlich
denken
beten
leben

NEU
ANFANGEN

Herausgegeben von
Christian Marte SJ

Tyrolia-Verlag · Innsbruck-Wien

Imprimi potest
Wien, 3. Jänner 2021
Bernhard Bürgler SJ, Provinzial

Einheitsübersetzung der Heiligen Schrift
vollständig durchgesehene und überarbeitete Ausgabe
© 2016 Katholische Bibelanstalt GmbH, Stuttgart
Alle Rechte vorbehalten

Mitglied der Verlagsgruppe „engagement"

2., ergänzte Auflage 2024
© 2021 Verlagsanstalt Tyrolia, Innsbruck

Bildnachweis: Christian Bargehr: Seite 113, 128 oben und unten;
Diözese Bozen-Brixen: 91 unten links; Diözese Innsbruck: 91 oben
Mitte, mittlere Reihe rechts; Christian Ender: 4; Franziskanerinnen
der christlichen Liebe: 91 unten rechts; Birgit Pichler: 128 Mitte;
Jesuiten: 97; Steve Johnson/unsplash.com: Umschlagmotiv;
Pallottiner: 91 oben links; Erna Putz: 91 mittlere Reihe Mitte;
Miriam Raneburger: 61; Gregor Schweinester: 91 mittlere Reihe
links; Reinhold Sigl: 7; Archiv Tyrolia-Verlag: 91 oben rechts,
91 unten Mitte, 109, 111, 123; Wikimedia: 29, 45, 127.

Graphische Gestaltung: Christian Bargehr
Druck und Bindung: Finidr, Tschechien

ISBN 978-3-7022-4009-7 (gedrucktes Buch)
ISBN 978-3-7022-4010-3 (E-Book)

E-Mail: buchverlag@tyrolia.at
Internet: www.tyrolia-verlag.at

Nehmt Neuland unter den Pflug!
Es ist Zeit, den HERRN zu suchen;
dann wird er kommen und
Gerechtigkeit für euch regnen lassen.

Hosea 10,12

entdecken. Im zweiten Teil gibt es eine praktische Einführung ins geistliche Leben; eine Vorstellung verschiedener Zugänge, aus denen wir auswählen können, was für uns persönlich gut passt. Der dritte Teil beantwortet grundlegende theologische Fragen. Das ist die Form, die sich über die Jahrhunderte als Katechismus bewährt hat: Q & A. Der abschließende Teil ist eine Zusammenstellung verschiedener geistlicher Texte.

Neu anfangen: das gehört wesentlich zur christlichen Botschaft. Es ist ein großer Trost, dass wir nicht vollständig festgelegt sind durch unsere Vergangenheit. Wir können immer wieder neu beginnen. Selbst wenn wir Fehler gemacht haben: Ein neuer Anfang ist von Gott her möglich. So gesehen ist diese Broschüre auch ein Trostbüchlein.

Zuversicht + Segen wünscht Ihnen von Herzen

P. Christian Marte SJ
Rektor des Jesuitenkollegs Innsbruck

Herz-Jesu-Bild

in der Innsbrucker Jesuitenkirche

Das Bild ist eine Kopie jenes Bildes,
das Pompeo Girolamo Batoni für die
Jesuitenkirche *Il Gesù* in Rom gemalt hat.
Beauftragt 1767 von P. Augustinus Eggs SJ,
Rektor des Jesuitenkollegs.
Der Maler ist bis heute unbekannt.
Seit 1796 wird vor diesem Bild die Verbindung
des Landes Tirol mit dem Herzen Jesu gelobt.

Die Bibel

Sieben Zugänge

P. Dominik Markl SJ

Am Ende der Tage wird es geschehen:
Der Berg des Hauses des HERRN steht fest gegründet
als höchster der Berge; er überragt alle Hügel.
Zu ihm strömen alle Nationen.
Viele Völker gehen und sagen:
Auf, wir ziehen hinauf zum Berg des HERRN
und zum Haus des Gottes Jakobs.
Er unterweise uns in seinen Wegen,
auf seinen Pfaden wollen wir gehen.
Denn vom Zion zieht Weisung aus,
und das Wort des HERRN von Jerusalem.
Jesaja 2,2–3

Du sendest deinen Geist aus … und du erneuerst das
Angesicht der Erde.
Psalm 104,30

Geht und macht alle Völker zu meinen Jüngern.
Tauft sie auf den Namen des Vaters und des Sohnes
und des Heiligen Geistes und lehrt sie, alles zu befolgen,
was ich euch geboten habe. Und siehe, ich bin mit euch
alle Tage bis zum Ende der Welt.
Matthäus 28,19–20

Die Bibel

Die Bibel ist das Gründungsdokument des Christentums. Sie ist das Glaubens- und Lebensbuch der Kirche.
Die hebräischen Bücher des Alten Testaments sind
zugleich die Heilige Schrift des Judentums. Judentum
und Christentum sind so von ihrer tiefsten Wurzel und
Quelle her miteinander verbunden.

Der Glaube lebt aus der Liebe zum Wort Gottes. Deshalb
lesen, hören, meditieren, studieren, diskutieren,
singen, feiern und leben wir in der Kirche mit und aus
der Bibel. Aus diesem Grund beginnt auch dieses kleine
Glaubensbüchlein mit sieben Zugängen zur Bibel: ein
Gott der neuen Anfänge; mein Lebenswort entdecken;
Gottes Wort feiern; Heilige Schrift verinnerlichen;
gemeinsam lernen; erforschen und entdecken;
Schönheit genießen.

Das Alte Testament entstand im ersten Jahrtausend
vor, das Neue Testament im ersten Jahrhundert nach
Christus. Auch wenn die biblischen Texte aus fernen
Welten stammen, sprechen sie doch von den innersten
Grunderfahrungen jedes Menschen. So ist uns die Bibel
nah und fern zugleich. Wir kommen ihr näher, indem
wir uns ernsthaft für sie interessieren, ihr Zeit und
Aufmerksamkeit widmen.

Das ist das Zeichen des Bundes, den ich stifte zwischen mir und euch und den lebendigen Wesen bei euch für alle kommenden Generationen: Meinen Bogen setze ich in die Wolken.

Genesis 9,12–13

Ihr habt Böses gegen mich im Sinne gehabt, Gott aber hatte dabei Gutes im Sinn, um zu erreichen, was heute geschieht: viel Volk am Leben zu erhalten.

Genesis 50,20

Die Kinderlose lässt er wohnen im Haus als frohe Mutter von Kindern. Halleluja!

Psalm 113,8

Junger Wein gehört in neue Schläuche.

Markus 2,22

Man muss doch ein Fest feiern und sich freuen; denn dieser, dein Bruder, war tot und lebt wieder; er war verloren und ist wiedergefunden worden.

Lukas 15,32

Ich sah einen neuen Himmel und eine neue Erde.

Offenbarung 21,1; vgl. Jesaja 65,17

1 Ein Gott der neuen Anfänge

Gott, wie die Bibel ihn – oder sie – porträtiert,
ist ein Gott der Überraschungen. Während die
griechischen Philosophen Gott als letzte Ursache
und als unbeweglich, unveränderlich beschrieben,
ist der biblische Gott ganz anders: dynamisch,
persönlich, leidenschaftlich.

Konflikte, Fehler und Niederlagen gehören zum
Leben. Gewalt, Kriege, traumatische Erfahrungen
verfolgen die Menschheit seit Jahrtausenden. In der
Bibel kommt die Stimme leidender Menschen zur
Sprache, in den Klageliedern und Klagepsalmen sowie
in Erzählungen, die alle problematischen Seiten des
Lebens ansprechen. Das Scheitern anerkennend,
verkündet die Bibel unerschöpfliche Worte des neuen
Anfangs: von Zuwendung, Versöhnung, Hoffnung,
Heilung, Auferstehung.

Die Bibel ist aus Katastrophen geboren: Die Zerstörungen
Jerusalems durch die Babylonier (587 v. Chr.) und durch
die Römer (70 n. Chr.) haben wesentlich zur Entstehung
der Bibel, des Judentums und des Christentums
beigetragen. Die Bibel ist ein Schatz menschlicher
Resilienz, genährt vom Glauben an Gott. Gottes Wort
fließt über von Wundern und jungem Wein.

Lassen Sie sich vom göttlichen Wort überraschen!

Nicht vom Brot allein lebt der Mensch, sondern von allem, was ausgeht vom Mund des HERRN, lebt der Mensch.
Deuteronomium 8,3

Wähle das Leben, damit du lebst!
Deuteronomium 30,19

Bei dir ist die Quelle des Lebens,
in deinem Licht schauen wir das Licht!
Psalm 36,10

Im Anfang war das Wort und das Wort war bei Gott
und das Wort war Gott. Dieses war im Anfang bei Gott.
Alles ist durch das Wort geworden
und ohne es wurde nichts, was geworden ist.
In ihm war Leben
und das Leben war das Licht der Menschen ...
Und das Wort ist Fleisch geworden und hat unter uns
sein Zelt aufgeschlagen ...
Niemand hat Gott je gesehen. Der Einzige, der Gott ist
und am Herzen des Vaters ruht, er hat Kunde gebracht.
Johannes 1,1–4.14.18

Ich bin gekommen, damit sie das Leben haben
und es in Fülle haben.
Johannes 10,10

2 Mein Lebenswort entdecken

Gott schenkt sein Wort der ganzen Menschheit, der Gemeinschaft der Glaubenden, und auch mir ganz persönlich. In der Bibel bündeln sich menschliche Erfahrungen von Jahrtausenden. Sie ist unerschöpflich, niemand kann alles in ihr verstehen. Wichtig ist, wie das göttliche Wort mich persönlich anspricht.

Gottes Wort ist voller Leben, von Anfang an: „Gott sprach: Es werde Licht! Und es wurde Licht." (Genesis 1,3). Die Propheten erlebten die Wucht des göttlichen Wortes: „Sagte ich: Ich will nicht mehr an ihn denken und nicht mehr in seinem Namen sprechen!, so brannte in meinem Herzen ein Feuer, eingeschlossen in meinen Gebeinen. Ich mühte mich, es auszuhalten, vermochte es aber nicht" (Jeremia 20,9).

Wir Christinnen und Christen haben Zugang zum göttlichen Wort durch Jesus Christus, den wir als menschgewordenes Wort Gottes verehren. „Ich bin der Weg und die Wahrheit und das Leben" (Johannes 14,6). Frère Roger Schutz, der Gründer der Gemeinschaft von Taizé, sagte: „Lebe das, was du vom Evangelium verstanden hast. Und wenn es noch so wenig ist. Aber lebe es."

Welches biblische Wort ist mein Lebenswort?

Versammle das Volk – die Männer und Frauen,
Kinder und Greise, dazu die Fremden, die in deinen
Stadtbereichen Wohnrecht haben –, damit sie
zuhören und auswendig lernen und den HERRN,
euren Gott, fürchten und darauf achten, dass sie alle
Bestimmungen dieser Weisung halten!
Deuteronomium 31,12

Lobt ihn mit Trommel und Reigentanz,
lobt ihn mit Saiten und Flöte!
Lobt ihn mit tönenden Zimbeln,
lobt ihn mit schallenden Zimbeln!
Alles, was atmet, lobe den HERRN. Halleluja!
Psalm 150,4–6

Jesus kam nach Nazaret, wo er aufgewachsen war,
und ging, wie gewohnt, am Sabbat in die Synagoge.
Als er aufstand, um vorzulesen, reichte man ihm die
Buchrolle des Propheten Jesaja. Er öffnete sie und fand
die Stelle, wo geschrieben steht: Der Geist des Herrn
ruht auf mir; denn er hat mich gesalbt. Er hat mich
gesandt, damit ich den Armen eine frohe Botschaft
bringe; damit ich den Gefangenen die Entlassung
verkünde und den Blinden das Augenlicht.
Lukas 4,16–18

3 Gottes Wort feiern

Gott spricht jeden Menschen persönlich an und verbindet so die Menschheit insgesamt. Das gemeinsame Feiern im Geist der Bibel überwindet Grenzen zwischen Armen und Reichen, zwischen „uns" und den „anderen". Das Gotteswort birgt Lebensfülle für die Gemeinschaft der Glaubenden und möchte positiv auf die Menschheit insgesamt ausstrahlen. Indem wir die Schönheit des Gotteswortes in Kirchen – ebenso wie in Synagogen – feiern und für das praktische Leben verstehen, wird es sozial wirksam.

Gemäß dem Gesetz des Mose sollen alle sieben Jahre alle Schulden erlassen werden (Deuteronomium 15,1–2). Indem die sozialen Grenzen überwunden sind, ist das Volk bereit, die göttliche Weisung zu hören und zu verstehen (Deuteronomium 31,9–13). In demselben Geist fordert Paulus, dass es beim gemeinsamen Feiern von Christen keinen Unterschied zwischen Bedürftigen und Wohlhabenden geben darf (1 Korinther 11,20–22). „Lass uns eins werden durch den Heiligen Geist", beten wir im Zweiten Hochgebet bei der Heiligen Messe, so wie Jesus gebetet hat, „alle sollen eins sein" (Johannes 17,21).

Wie erlebe ich die Gemeinschaft stiftende und stärkende Kraft der Bibel?

Diese Worte, auf die ich dich heute verpflichte, sollen auf deinem Herzen sein. Du sollst sie deinen Kindern wiederholen. Du sollst sie sprechen, wenn du zu Hause sitzt und wenn du auf der Straße gehst, wenn du dich schlafen legst und wenn du aufstehst.

Deuteronomium 6,6–7

So wird der Bund sein, den ich nach diesen Tagen mit dem Haus Israel schließe – Spruch des HERRN: Ich habe meine Weisung in ihre Mitte gegeben und werde sie auf ihr Herz schreiben.

Jeremia 31,33

Vom Hörensagen nur hatte ich von dir gehört, jetzt aber hat mein Auge dich geschaut.

Ijob 42,5

Wie die Schrift sagt: Aus seinem Inneren werden Ströme von lebendigem Wasser fließen.

Johannes 7,38

Du aber bleibe bei dem, was du gelernt und wovon du dich überzeugt hast ... Du kennst von Kindheit an die heiligen Schriften, die dich weise machen können zum Heil durch den Glauben an Christus Jesus.

2 Timotheus 3,14–15

4 Heilige Schrift verinnerlichen

Gottes Wort will in die Tiefe dringen. An der Oberfläche vertrocknet es, wie der Samen, der auf den Weg oder auf felsigen Boden fällt (Markus 4,1–9). Um in die Tiefe zu gelangen, muss ein Wort das Herz erfüllen. Das passiert manchmal ganz spontan. Wir können aber auch zu dieser Vertiefung beitragen durch Übungen, die Glaubende seit Jahrtausenden pflegen.

Im Judentum und im frühchristlichen Mönchtum bestand die Meditation vor allem im Auswendiglernen der Bibel. Im wiederholten Rezitieren biblischer Texte versenkt sich Gottes Wort ins Bewusstsein. Seit dem Mittelalter entwickelte sich die Form der *Lectio divina*, wobei die Lesung mit dem Verweilen in Stille, mit Nachsinnen und Gebet verbunden ist.

Bei Ignatius von Loyola, dem Gründer des Jesuitenordens, kommen zu diesen Aspekten bewusste Übungen der Phantasie „mit allen Sinnen" hinzu. Heute könnte man sagen, das göttliche Wort wird so auch mit den unterbewussten Bereichen der menschlichen Psyche in Verbindung gebracht.

Der hl. Augustinus sagt: Wenn du betest, sprichst du mit Gott. Wenn du die Bibel liest, spricht Gott mit dir.

Wenn dich morgen dein Kind fragt: Was bedeutet das?, dann sag ihm: Mit starker Hand hat uns der HERR aus Ägypten, aus dem Sklavenhaus, herausgeführt.

Exodus 13,14

Vom frühen Morgen bis zum Mittag las Esra auf dem Platz vor dem Wassertor den Männern und Frauen und denen, die es verstehen konnten, daraus vor. Das ganze Volk lauschte auf das Buch der Weisung.

Nehemia 8,3

Wenn ihr schon dieses Gleichnis nicht versteht, wie wollt ihr dann all die anderen Gleichnisse verstehen?

Markus 4,13

Brannte nicht unser Herz in uns, als er unterwegs mit uns redete und uns den Sinn der Schriften eröffnete?

Lukas 24,32

Philippus lief hin und hörte ihn den Propheten Jesaja lesen. Da sagte er: Verstehst du auch, was du liest? Jener antwortete: Wie könnte ich es, wenn mich niemand anleitet? Und er bat den Philippus, einzusteigen und neben ihm Platz zu nehmen.

Apostelgeschichte 8,30–31

5   Gemeinsam lernen

Die Bibel ist ein Gemeinschaftsbuch, nicht nur in der feierlichen Liturgie in der Kirche, sondern auch in der Familie, unter Freunden, in neuen Begegnungen, im alltäglichen Gespräch.

Das Lernen beginnt oft in der Familie. Die Bibel selbst zeigt diese Dynamik am Beispiel des Pessachfestes. Die Familie feiert ein religiöses Ritual zum Gedächtnis an die Befreiung aus Ägypten. Ein Kind fragt, was das bedeutet, die Eltern erklären es. Manche stoßen erstmals als Erwachsene auf die Bibel und werden von starken Texten wie Jesaja oder der Bergpredigt gepackt. Gespräche darüber ergeben sich ganz natürlich. Zuweilen entstehen aus solchen Gesprächen neue Freundschaften.

Das gemeinsame Lesen der Bibel mit Elementen von Gebet, Diskussion, Stille und sozialen Aktionen ist besonders von den lateinamerikanischen Basisgemeinden ausgegangen. Auch in vielen europäischen Gemeinden gibt es Bibelgruppen, die unterschiedlichen Modellen folgen. Eine spezielle Form ist das Bibliodrama, wobei eine Gruppe eine biblische Geschichte – ähnlich der Ignatianischen Betrachtung – phantasievoll umsetzt. Personen, die solche Gruppen leiten, brauchen eine gewisse Kompetenz und Erfahrung.

Sogar die Ewigkeit hat er in ihr Herz gelegt.
Kohelet 3,11

Ich sann nach über die Tage der Vorzeit,
über längst vergangene Jahre.
Psalm 77,6

Würde ich sagen: Finsternis soll mich verschlingen
und das Licht um mich soll Nacht sein!
Auch die Finsternis ist nicht finster vor dir,
die Nacht leuchtet wie der Tag.
Psalm 139,11

Ich sende euch wie Schafe mitten unter die Wölfe; seid
klug wie die Schlangen und arglos wie die Tauben!
Matthäus 10,16

Auf guten Boden ist der Samen bei dem gesät, der
das Wort hört und es auch versteht; er bringt Frucht –
hundertfach oder sechzigfach oder dreißigfach.
Matthäus 13,23

Wo ist ein Weiser? Wo ein Schriftgelehrter? Wo ein
Wortführer in dieser Weltzeit? Hat Gott nicht die
Weisheit der Welt als Torheit entlarvt?
1 Korinther 1,20

6 Erforschen und entdecken

Obwohl sich die Bibel teils auch an Kinder wendet, ist
sie zugleich ein anspruchsvolles Buch für Denkerinnen
und Forscher. Das liegt einerseits an der Qualität
der Texte, da sie über Jahrhunderte ausgewählt,
poliert, verfeinert und zusammengestellt wurden.
Nur, was Qualität und geistigen Tiefgang hatte,
wurde überliefert. Zum Anderen ergeben sich große
Herausforderungen für unser Verständnis, da wir in
einer stark veränderten Zeit und Welt leben.

Wie verhält sich die Wahrheit der Bibel zu den
modernen Naturwissenschaften? Grundsätzlich lässt
sich sagen, dass sie nicht miteinander in Konkurrenz
stehen. Die Theorie vom Urknall erklärt, wie das
Universum „natürlich", über Jahrmillionen hinweg,
entstanden ist. Die biblische Schöpfungserzählung
(Genesis 1,1–2,3) hingegen zeigt, dass das Universum
von Gott ins Leben gerufen ist und immer schon mit
ihm in Beziehung steht.

Alle Gläubigen sind herausgefordert, über die
Bedeutung der Bibel nachzudenken, Personen in der
Wissenschaft ganz besonders. Die Bibel fordert unseren
Entdeckergeist heraus. Für ihre Interpretation gilt mit
Augustinus: Wir verstehen Gottes Wort nur dann gut,
wenn unsere Deutung Glaube, Hoffnung und Liebe
stärkt.

Du liebst alles, was ist, und verabscheust nichts von dem,
was du gemacht hast; denn hättest du etwas gehasst,
so hättest du es nicht geschaffen ...
Du schonst alles, weil es dein Eigentum ist,
Herr, du Freund des Lebens.
Weisheit 11,24–26

Die Himmel erzählen die Herrlichkeit Gottes
und das Firmament kündet das Werk seiner Hände ...
Die Weisung des HERRN ist vollkommen,
sie erquickt den Menschen.
Psalm 19,2.8

Und was sorgt ihr euch um eure Kleidung? Lernt von
den Lilien des Feldes, wie sie wachsen: Sie arbeiten
nicht und spinnen nicht. Doch ich sage euch: Selbst
Salomo war in all seiner Pracht nicht gekleidet wie
eine von ihnen.
Matthäus 6,28–29

Er zeigte mir die heilige Stadt Jerusalem, wie sie von
Gott her aus dem Himmel herabkam, erfüllt von der
Herrlichkeit Gottes. Sie glänzte wie ein kostbarer
Edelstein, wie ein kristallklarer Jaspis.
Offenbarung 21,10–11

7 Schönheit genießen

Die Bibel ist ein Buch aller Sinne. Sie zeigt Gott als Liebhaber von Schönheit und Gutem. Gottes Wort dient der Freude und dem tiefsten, spirituellen Genuss. Gott selbst, der dem Menschen als seinem lebendigen Abbild die Welt anvertraut hat, ist der Künstler aller Künstler. Menschliche Kunst lebt von himmlischer Inspiration. Kunst bringt göttliche Kreativität zum Ausdruck.

Die Literatur, Musik und die bildende Kunst der europäischen Kulturen sind seit zwei Jahrtausenden von biblischen Worten und Gedanken durchdrungen. Ohne die Bibel bleiben viele Kunstwerke unverständlich, viele Werke der Kunst tragen aber auch zu einem tieferen Verständnis der Bibel bei.

Ein besonderer Zugang zur Bibel ist, Werke der Kunst und der Musik im Dialog mit der Bibel zu genießen. Caravaggios Berufung des Matthäus etwa, Chagalls Werke zum Hohenlied, Bachs Johannespassion oder Schönbergs Moses und Aaron.

Bringen Sie ein Kunstwerk, das Sie besonders bewegt, ins Gespräch mit dem biblischen Text. Welche neuen Einsichten eröffnen sich?

Bücher zur Vertiefung

Fischer, G. / Hasitschka, M., *Auf dein Wort hin. Berufung und Nachfolge in der Bibel*, Freiburg 2009.

Fischer, G. / Markl, D., *Das Buch Exodus*, Stuttgart ²2020.

Fischer, G., *Theologien des Alten Testaments*, Stuttgart 2012.

Fischer, I., *Gotteskünderinnen. Zu einer geschlechterfairen Deutung der Prophetie in der Hebräischen Bibel*, Stuttgart 2002.

Lohfink, G., *Die vierzig Gleichnisse Jesu*, Freiburg ³2020.

Lohfink, N., *Im Schatten deiner Flügel. Große Bibeltexte neu erschlossen*, Freiburg 2000.

Markl, D. / Offermann, K., *Vergesst nicht … Zugänge zum Deuteronomium*, Neukirchen-Vluyn 2019.

Markl, D., *Elijah und seine Raben. Wie Georg Sporschill die Bibel für das Leben liest*, Wien 2016.

Repschinski, B., *Vier Bilder von Jesus: Die Evangelien – alt, doch aktuell*, Würzburg 2016.

Schmid, K. / Schröter, J., *Die Entstehung der Bibel. Von den ersten Texten zu den heiligen Schriften*, München ³2020.

Schnelle, U., *Paulus. Leben und Denken*, Berlin ²2014.

Schröter, J., *Jesus von Nazaret. Jude aus Galiläa – Retter der Welt*, Leipzig ⁶2017.

Schwienhorst-Schönberger, L., *Ein Weg durch das Leid. Das Buch Ijob*, Freiburg 2007.

Söding, T., *Das Christentum als Bildungsreligion. Der Impuls des Neuen Testaments*, Freiburg 2016.

Söding, T., *Ein Gott für alle. Der Aufbruch zur Weltmission in der Apostelgeschichte*, Freiburg 2020.

Wright, N. T., *Worum es Paulus wirklich ging*, Gießen ³2018.

Zenger, E., *Mit meinem Gott überspringe ich Mauern. Einführung in das Psalmenbuch*, Freiburg 1987.

Tipps zum Weiterlesen

Die *Jerusalemer Bibel* ist praktisch. Sie bietet die Einheitsübersetzung mit einigen Erklärungen. Ein Einstieg für junge
Menschen: *Bibel. Jugendbibel der Katholischen Kirche.*
Mit einem Vorwort von Papst Franziskus, Augsburg 2015
(bibelwissenschaftlich betreut von G. Fischer, D. Markl
und T. Söding).

Sie möchten eine Bibelrunde leiten? Anregungen bietet:
G. Fischer, *Wege in die Bibel: Leitfaden zur Auslegung.*
Unter Mitarbeit von B. Repschinski und A. Vonach,
Stuttgart [4]2011, Kapitel 11.

Wenn Sie einen kurzen Kommentar zu einem biblischen
Buch suchen, empfehlen wir die Reihen *Neuer Stuttgarter
Kommentar zum Alten* bzw. *Neuen Testament* und *Die
Neue Echter Bibel.* Als ausführlicher, wissenschaftlicher
Kommentar ist *Herders Theologischer Kommentar zum Alten*
bzw. *Neuen Testament* sehr nützlich.

Für kompetente Sachinformation finden sich viele
Stichworte in *Das wissenschaftliche Bibellexikon im Internet*
(www.bibelwissenschaft.de/wibilex).

Als wissenschaftliche Einleitungen empfehlen wir zum
Alten Testament jene von Erich Zenger, Christian Frevel u. a.
(Kohlhammer), zum Neuen Testament jene von Udo Schnelle
(Vandenhoeck & Ruprecht).

Christus und Abt Menas

Die Ikone stammt aus Ägypten und gilt als
älteste koptische Ikone (8. Jahrhundert).
Sie trägt auch den Titel „Ikone der Freundschaft"
und befindet sich heute im Louvre in Paris.

Sprechen wie mit einem Freund

Fünf Weisen des Betens

P. Bruno Niederbacher SJ

Beten ist wie
Sprechen mit einem Freund

Beten ist ein religiöser Grundvollzug. Wer betet, tritt
bewusst in Kontakt mit Gott. Dafür gibt es verschiedene
Weisen. Als die Jünger Jesus bitten, „Herr, lehre uns
beten" (Lukas 11,1), bringt er ihnen das Vaterunser bei.
Damit sagt er: Ihr könnt mit Gott per du sein und ganz
unkompliziert zu ihm kommen.

Der hl. Ignatius von Loyola schreibt, Beten sei wie
Sprechen mit einem Freund. Natürlich ist Beten nicht
immer ein Sprechen. Zum Beten gehört auch Hören
und Verweilen in der Gegenwart Gottes. So schreibt die
hl. Teresa von Ávila: „Meiner Meinung nach ist inneres
Beten nichts anderes als Verweilen bei einem Freund,
mit dem wir oft allein zusammenkommen, einfach
um bei ihm zu sein, weil wir sicher wissen, dass er uns
liebt" (Buch meines Lebens 8,5).

Die folgenden Seiten stellen fünf Weisen des Betens vor:
- Das Vaterunser beten
- Mit den Psalmen beten
- Mit Bibelerzählungen beten
- Mit dem Leben beten
- Mit dem Namen „Jesus" beten

1 Das Vaterunser beten

Das Vaterunser ist *das* christliche Gebet schlechthin.
Es ist das Gebet, das Jesus uns gelehrt hat. Man kann
es – gut aufeinander hörend – in Gemeinschaft beten.
Wenn ich es alleine bete, kann ich auch einzelne Wörter
oder Sätze im Rhythmus des Atems wiederholen,
z. B. „Vater", „Dein Reich komme" oder „Dein Wille
geschehe", je nachdem, was gerade für die eigene
Situation passend ist. Ausgehend vom vorformulierten
Gebet kann man auch ins freie, persönliche Sprechen
mit Gott kommen. Im Folgenden der Text des Gebetes:

> *Vater unser im Himmel,*
> *geheiligt werde dein Name.*
> *Dein Reich komme.*
> *Dein Wille geschehe,*
> *wie im Himmel so auf Erden.*
> *Unser tägliches Brot gib uns heute.*
> *Und vergib uns unsere Schuld,*
> *wie auch wir vergeben unsern Schuldigern.*
> *Und führe uns nicht in Versuchung,*
> *sondern erlöse uns von dem Bösen.*

Es kann hinzugefügt werden:

> *Denn dein ist das Reich*
> *und die Kraft und die Herrlichkeit*
> *in Ewigkeit. Amen.*

2 Mit Psalmen beten

Die Psalmen sind 150 Gebete, Lieder, Gedichte, die in
der Bibel im Buch der Psalmen gesammelt sind. Von
ihnen kann man sehr gut lernen, wie Beten geht. Der
Verfasser der Psalmen bringt immer seine momentane
persönliche Situation vor Gott. Er erzählt Gott, wie es
ihm geht, wie er sich fühlt, was ihn umtreibt:

- Manchmal ist er ganz außer sich vor Freude, Dankbarkeit und Vertrauen, und er singt darüber vor Gott:
  „Ich danke dir, dass ich so staunenswert und wun-
  derbar gestaltet bin" (Psalm 139); oder „Kommt, lasst
  uns jubeln dem HERRN, jauchzen dem Fels
  unsres Heils!" (Psalm 95); oder „Der HERR ist mein
  Hirt, nichts wird mir fehlen" (Psalm 23).
- Manchmal fühlt er sich am Boden und klagt: „Im
  Staub klebt meine Seele. Nach deinem Wort belebe
  mich" (Psalm 119). Krasse Bilder greift er auf, um
  vor Gott auszudrücken, wie es ihm geht. In einer
  schlaflosen Nacht ruft er: „Ich liege wach und
  ich klage wie ein einsamer Vogel auf dem Dach"
  (Psalm 102). Auch seine Einsamkeit bringt er vor
  Gott: „Ich bin wie eine Dohle in der Wüste; ich bin
  wie eine Eule in öden Ruinen" (Psalm 102).
- Manchmal fühlt er sich ganz weit weg von Gott und
  sagt: „Mein Gott, mein Gott, warum hast du mich
  verlassen" (Psalm 22); und: „Meine Seele sag: Warum
  so trostlos, so unruhig in mir?" (Psalm 42). „Gott,

mein Gott bist du, dich suche ich" (Psalm 63). Er sehnt sich nach Gott und ruft: „Nach dir schmachtet mein Fleisch wie dürres, lechzendes Land ohne Wasser" (Psalm 63).

- Manchmal spürt er Wut und Zorn und bringt seine Rachephantasien vor Gott zum Ausdruck: „Gott, zerbrich ihnen die Zähne im Mund! HERR, zerschlage das Gebiss der Löwen! Sie sollen vergehen wie verrinnendes Wasser; er legt seine Pfeile auf, sie sind wie kraftlos, wie die Schnecke, die sich auflöst in Schleim; wie eine Fehlgeburt sollen sie die Sonne nicht schauen" (Psalm 58). Wir erleben Rachegefühle. Wie damit umgehen? Der Psalmbeter empfiehlt, sie wahrzunehmen und auch diesen Teil von sich vor Gott zu bringen.

- Manchmal fühlt er sich schuldig. Und wieder geht er zu Gott und sagt: „Wasch meine Schuld von mir ab und mach mich rein von meiner Sünde" (Psalm 51).

- Manchmal kommt tiefe Trauer hoch und er bittet: „In deinem Schlauch sammle meine Tränen!" (Psalm 56) und „Schweige nicht zu meinen Tränen" (Psalm 39).

- Es gibt auch die Erfahrung, dass es ganz still wird in ihm. Er horcht in die Stille hinein, sie richtet ihn auf. Gottes Sprache ist oft die Stille. Der Psalmist sagt: „Wie ein gestilltes Kind bei seiner Mutter, wie das gestillte Kind, so ist meine Seele in mir" (Psalm 131).

Die Psalmen sind eine Schule des Gebets. Sie zeigen, dass wir Gott nichts vormachen müssen, sondern vor ihm ganz wir selbst sein dürfen, mit allem, was zu uns gehört. Ein Text, dessen Autor nicht bekannt ist, drückt diese Einstellung gut aus:

Du kannst Gott alles bringen:
deine Träume, deine Erfolge, deine Freude.
Und wenn du wenig hast,
worüber du dich freuen kannst,
bring ihm dieses Wenige.
Und wenn dein Leben wie ein Scherbenhaufen erscheint,
dann bring ihm die Scherben.
Und wenn du nur leere Hände hast,
dann bring ihm deine leeren Hände.
Zerbrochene Hoffnungen sind sein Stoff;
in seinen Händen wird alles gut.

Auf den nächsten Seiten sind einige der schönsten Psalmen abgedruckt. Man kann sie beten, indem man sie langsam liest und jene Verse wiederholt, die gerade zur eigenen Situation passen. Man kann diese Verse auch auswendig lernen und immer wieder im Alltag rezitieren oder singen.

Psalm 16

Gott, Anteil und Leben seiner Getreuen

[1] Ein Lied Davids. Behüte mich, Gott, denn bei dir habe ich mich geborgen! [2] Ich sagte zum HERRN: Mein Herr bist du, mein ganzes Glück bist du allein. [3] An den Heiligen, die im Land sind, an den Herrlichen habe ich all mein Gefallen: [4] Zahlreich sind die Schmerzen derer, die einem anderen Gott nacheilen. Ich will ihre Trankopfer von Blut nicht spenden, ich nehme ihre Namen nicht auf meine Lippen. [5] Der HERR ist mein Erbanteil, er reicht mir den Becher, du bist es, der mein Los hält.

[6] Die Messschnur fiel mir auf liebliches Land. Ja, mein Erbe gefällt mir. [7] Ich preise den HERRN, der mir Rat gibt, auch in Nächten hat mich mein Innerstes gemahnt. [8] Ich habe mir den HERRN beständig vor Augen gestellt, weil er zu meiner Rechten ist, wanke ich nicht.

[9] Darum freut sich mein Herz und jubelt meine Ehre, auch mein Fleisch wird wohnen in Sicherheit. [10] Denn du überlässt mein Leben nicht der Totenwelt; du lässt deinen Frommen die Grube nicht schauen. [11] Du lässt mich den Weg des Lebens erkennen. Freude in Fülle vor deinem Angesicht, Wonnen in deiner Rechten für alle Zeit.

Psalm 23
Der gute Hirte

[1] Ein Psalm Davids. Der HERR ist mein Hirt, nichts wird mir fehlen. [2] Er lässt mich lagern auf grünen Auen und führt mich zum Ruheplatz am Wasser.

[3] Meine Lebenskraft bringt er zurück. Er führt mich auf Pfaden der Gerechtigkeit, getreu seinem Namen. [4] Auch wenn ich gehe im finsteren Tal, ich fürchte kein Unheil; denn du bist bei mir, dein Stock und dein Stab, sie trösten mich.

[5] Du deckst mir den Tisch vor den Augen meiner Feinde. Du hast mein Haupt mit Öl gesalbt, übervoll ist mein Becher.

[6] Ja, Güte und Huld werden mir folgen mein Leben lang und heimkehren werde ich ins Haus des HERRN für lange Zeiten.

Psalm 42

Sehnsucht nach dem lebendigen Gott

[1] Für den Chormeister. Ein Weisheitslied der Korachiter.
[2] Wie der Hirsch lechzt nach frischem Wasser, so lechzt
meine Seele, nach dir, Gott. [3] Meine Seele dürstet nach
Gott, nach dem lebendigen Gott. Wann darf ich kommen
und erscheinen vor Gottes Angesicht? [4] Meine Tränen
sind mir Brot geworden bei Tag und bei Nacht; man sagt
zu mir den ganzen Tag: Wo ist dein Gott? [5] Ich denke
daran und schütte vor mir meine Seele aus: Ich will in
einer Schar einherziehn. Ich will in ihr zum Haus Gottes
schreiten, im Schall von Jubel und Dank in festlich
wogender Menge. [6] Was bist du bedrückt, meine Seele,
und was ächzt du in mir? Harre auf Gott; denn ich werde
ihm noch danken für die Rettung in seinem Angesicht.
[7] Bedrückt ist meine Seele in mir, darum gedenke ich
deiner im Jordanland, am Hermon, am Berg Mizar. [8] Flut
ruft der Flut zu beim Tosen deiner stürzenden Wasser,
all deine Wellen und Wogen zogen über mich hin. [9] Bei
Tag entbietet der HERR seine Huld und in der Nacht ist
sein Lied bei mir, ein Gebet zum Gott meines Lebens.
[10] Sagen will ich zu Gott, meinem Fels: Warum hast du
mich vergessen? Warum muss ich trauernd einhergehn,
von meinem Feind unterdrückt? [11] Es trifft mich zu Tode
in meinen Gebeinen, dass meine Bedränger mich ver-
höhnen, da sie den ganzen Tag zu mir sagen: Wo ist dein
Gott? [12] Was bist du bedrückt, meine Seele, und was ächzt
du in mir? Harre auf Gott; denn ich werde ihm noch danken, der Rettung meines Angesichts und meinem Gott.

Psalm 51
Bitte um Vergebung und Neuschaffung

[1] Für den Chormeister. Ein Psalm Davids. [2] Als der Prophet Natan zu ihm kam, nachdem er zu Batseba gegangen war. [3] Gott, sei mir gnädig nach deiner Huld, tilge meine Frevel nach deinem reichen Erbarmen! [4] Wasch meine Schuld von mir ab und mach mich rein von meiner Sünde! [5] Denn ich erkenne meine bösen Taten, meine Sünde steht mir immer vor Augen.

[6] Gegen dich allein habe ich gesündigt, ich habe getan, was böse ist in deinen Augen. So behältst du recht mit deinem Urteilsspruch, lauter stehst du da als Richter. [7] Siehe, in Schuld bin ich geboren und in Sünde hat mich meine Mutter empfangen. [8] Siehe, an Treue im Innersten hast du Gefallen, im Verborgenen lehrst du mich Weisheit.

[9] Entsündige mich mit Ysop, dann werde ich rein; wasche mich und ich werde weißer als Schnee! [10] Lass mich Entzücken und Freude hören! Jubeln sollen die Glieder, die du zerschlagen hast. [11] Verbirg dein Angesicht vor meinen Sünden, tilge alle Schuld, mit der ich beladen bin!

[12] Erschaffe mir, Gott, ein reines Herz und einen festen Geist erneuere in meinem Innern! [13] Verwirf mich nicht vor deinem Angesicht, deinen heiligen Geist nimm nicht von mir! [14] Gib mir wieder die Freude deines Heils, rüste mich aus mit dem Geist der Großmut!

[15] Ich will die Frevler deine Wege lehren und die Sünder kehren um zu dir. [16] Befreie mich von Blutschuld, Gott, du Gott meines Heils, dann wird meine Zunge jubeln über deine Gerechtigkeit! [17] Herr, öffne meine Lippen, damit mein Mund dein Lob verkünde!

[18] Schlachtopfer willst du nicht, ich würde sie geben, an Brandopfern hast du kein Gefallen. [19] Schlachtopfer für Gott ist ein zerbrochener Geist, ein zerbrochenes und zerschlagenes Herz wirst du, Gott, nicht verschmähen.

[20] Nach deinem Wohlgefallen tu Gutes an Zion, erbaue wieder die Mauern Jerusalems! [21] An Schlachtopfern der Gerechtigkeit, an Brandopfern und an Ganzopfern hast du Gefallen, dann wird man auf deinem Altar Stiere opfern.

Psalm 63
Sehnsucht nach Gott

[1] Ein Psalm Davids. Als er in der Wüste Juda war. [2] Gott, mein Gott bist du, dich suche ich, es dürstet nach dir meine Seele. Nach dir schmachtet mein Fleisch wie dürres, lechzendes Land ohne Wasser. [3] Darum halte ich Ausschau nach dir im Heiligtum, zu sehen deine Macht und Herrlichkeit.

[4] Denn deine Huld ist besser als das Leben. Meine Lippen werden dich rühmen. [5] So preise ich dich in meinem Leben, in deinem Namen erhebe ich meine Hände. [6] Wie an Fett und Mark wird satt meine Seele, mein Mund lobt dich mit jubelnden Lippen.

[7] Ich gedenke deiner auf meinem Lager und sinne über dich nach, wenn ich wache. [8] Ja, du wurdest meine Hilfe, ich juble im Schatten deiner Flügel. [9] Meine Seele hängt an dir, fest hält mich deine Rechte. [10] Die mir nach dem Leben trachten, um mich zu vernichten, sie müssen hinabfahren in die Tiefen der Erde. [11] Man gibt sie preis der Gewalt des Schwerts, sie werden den Schakalen zur Beute.

[12] Der König aber freue sich an Gott! Wer bei ihm schwört, darf sich rühmen. Doch allen Lügnern wird der Mund verschlossen.

Psalm 130
Hilferuf aus tiefer Not

[1] Ein Wallfahrtslied. Aus den Tiefen rufe ich, HERR, zu dir: [2] Mein Herr, höre doch meine Stimme! Lass deine Ohren achten auf mein Flehen um Gnade. [3] Würdest du, HERR, die Sünden beachten, mein Herr, wer könnte bestehn?

[4] Doch bei dir ist Vergebung, damit man in Ehrfurcht dir dient. [5] Ich hoffe auf den HERRN, es hofft meine Seele, ich warte auf sein Wort. [6] Meine Seele wartet auf meinen Herrn mehr als Wächter auf den Morgen, ja, mehr als Wächter auf den Morgen.

[7] Israel, warte auf den HERRN, denn beim HERRN ist die Huld, bei ihm ist Erlösung in Fülle. [8] Ja, er wird Israel erlösen aus all seinen Sünden.

Dreifaltigkeitsikone von Andrei Rubljow
entstanden um 1411

Die Ikone zeigt den Besuch dreier Engel
bei Sara und Abraham (Genesis 18,1–33).
Dieser Besuch wird als Erscheinung der
Trinität gedeutet. Heute befindet sich die
Ikone in der Tretjakow-Galerie in Moskau.

3 Mit Bibelerzählungen beten – Bibelbetrachtung

Die Bibelbetrachtung ist eine Methode, mit Texten aus der Heiligen Schrift zu meditieren und zu beten. Sie besteht nach Ignatius von Loyola aus folgenden Schritten:

Vorbereitung
- Ich suche mir einen ruhigen Ort und eine ungestörte Zeit, eine Zeit, in der ich gut wach bin. Ich nehme mir täglich bewusst diese Zeit. Ein konstanter Ort und die immer gleiche Zeit sind eine große Stütze. In der Regel eignet sich der Morgen sehr gut dafür. Die Gebetszeit, die ich mir vorgenommen habe, kürze ich nicht ab. Ignatius sieht eine Stunde für die Übung vor, ich kann aber auch mit einer kürzeren Einheit beginnen.
- Ich wähle den Betrachtungsstoff aus der Bibel aus und lese ihn, am besten schon am Vorabend.

1. Einstieg in die Gebetszeit
- Ich stelle mich in Gottes Gegenwart. Ich werde mir bewusst, dass er da ist. In seiner Gegenwart darf ich da sein mit meinem ganzen Leben, wie ich bin. Was geschieht, ist nicht meine Leistung, sondern Geschenk. Ignatius schreibt: „Ein oder zwei Schritte vor dem Ort, wo ich zu betrachten oder mich zu besinnen habe, stelle ich mich für die Dauer eines

Vaterunsers hin, indem ich den Verstand nach oben erhebe und erwäge, wie Gott, unser Herr, mich anschaut usw. Und einen Ehrerweis oder eine Verdemütigung machen" (Exerzitienbuch [EB] 75).

- Ich nehme eine Gebetshaltung ein, die für mich stimmt, wo ich besser „finde, was ich will" (EB 76): z. B. aufrecht auf einem Sessel oder einer Meditationsbank sitzend.
- Ich spreche ein Vorbereitungsgebet mit folgendem Anliegen: „Gott, unseren Herrn, um Gnade bitten, damit alle meine Absichten, Handlungen und Betätigungen rein auf Dienst und Lobpreis seiner göttlichen Majestät hingeordnet seien" (EB 46).

2. Erbitten, was ich ersehne
Ich formuliere mein persönliches Anliegen für diese Betrachtungszeit: „Gott, unseren Herrn, um das bitten, was ich will und wünsche" (EB 48; 104). Vielleicht ist es die Bitte, dass Gott mich ansprechen möge, dass ich Gott begegnen darf, dass ich nicht taub sei für seinen Ruf oder dass ich sehen darf, was Gott mir in der Schriftstelle zeigen möchte.

3. Lesen der Bibelstelle
Indem ich den Text aufmerksam lese, vergegenwärtige ich mir den Betrachtungsstoff.

4. Betrachtung

Die Betrachtung nimmt den größten Teil der Zeit ein. Ich bereite innerlich den Schauplatz, stelle mir die Bühne der Handlung möglichst plastisch vor. Die im Text vorkommenden „Personen sehen" (EB 11), „schauen, beachten und betrachten, was sie sagen" (EB 115), „schauen und erwägen, was sie tun" (EB 116), mich in der Vorstellung in die Geschichte hineinbegeben, wie wenn ich mich in ihr „gegenwärtig fände" (EB 114), meinen Ort darin suchen und auf meine Weise an der Handlung teilnehmen. Was geschieht mit mir? Ich lasse den Text auf mich wirken und verweile dort, wo ich angesprochen bin: bei Freude, Trost, aber auch bei Widerstand oder Angst. Dabeibleiben, mich betreffen lassen, aushalten. Es ist mehr geistliches Verspüren und Verkosten als Denken! In den Worten des hl. Ignatius: „Denn nicht das viele Wissen sättigt und befriedigt die Seele, sondern das Innerlich-die-Dinge-Verspüren-und-Schmecken" (EB 2).

5. Gespräch

Die Betrachtung mündet immer wieder und besonders am Ende in ein Gespräch mit Gott, dem Vater, oder mit Jesus Christus. „Das Gespräch wird gehalten, indem man eigentlich spricht, so wie ein Freund zu einem anderen spricht oder ein Diener zu seinem Herrn, indem man bald um irgendeine Gnade bittet, bald sich wegen einer schlechten Tat anklagt, bald seine Dinge mitteilt und in ihnen Rat will" (EB 54).

6. Vaterunser

Ignatius empfiehlt, die Übung mit einem Vaterunser abzuschließen (EB 54).

7. Rückschau

- Ich schaue auf die Übung zurück, um daraus „Nutzen zu ziehen" und „Frucht zu gewinnen" für die Zukunft: für die nächste Betrachtung, für meine nächsten Schritte im Alltag. Wo war ich bei Gott? Wo war ich, als ich nicht bei Gott war? Wie geht es mir jetzt in Beziehung zu Gott?
- Ich notiere etwas in mein Tagebuch, z. B. einen tröstlichen Gedanken, den ich in der Betrachtung hatte.

Übung 1
„Ich muss heute in deinem Haus zu Gast sein."
Betrachtung zu Lukas 19,1–10

1. Einstieg in die Gebetszeit

- Ich stehe und werde mir inne, dass ich in der Gegenwart Gottes bin, und mache dann ein Kreuzzeichen oder eine Verneigung.
- Ich setze mich und nehme meine Gebetshaltung ein, mache eine Wahrnehmungsübung, spüre meinen Körper und meinen Atem.
- Ich bete z. B. das folgende Vorbereitungsgebet, das P. Peter Köster SJ verfasst hat:

Herr, du allein weißt,
wie mein Leben gelingen kann.
Lehre mich, in der Stille deiner Gegenwart
das Geheimnis zu verstehen,
wie in deinem Anblick und in deinem Wort
Menschen sich erkannt haben
als dein Bild und Gleichnis.
Hilf mir loszulassen,
was mich daran hindert, dir zu begegnen
und mich von deinem Wort ergreifen zu lassen.
Hilf mir zuzulassen,
was in mir Mensch werden will
nach dem Bild und Gleichnis,
das du dir von mir gemacht hast.

2. Erbitten, was ich ersehne
Herr, ich bitte dich, dass ich verstehe, was du mir
sagen willst, dass dein Wort in mir Frucht bringt …

3. Lesen der Bibelstelle
[1] Dann kam er [Jesus] nach Jericho und ging durch
die Stadt. [2] Und siehe, da war ein Mann namens
Zachäus; er war der oberste Zollpächter und war
reich. [3] Er suchte Jesus, um zu sehen, wer er sei,
doch er konnte es nicht wegen der Menschenmenge;
denn er war klein von Gestalt. [4] Darum lief er voraus
und stieg auf einen Maulbeerfeigenbaum, um Jesus
zu sehen, der dort vorbeikommen musste.
[5] Als Jesus an die Stelle kam, schaute er hinauf und
sagte zu ihm: Zachäus, komm schnell herunter! Denn
ich muss heute in deinem Haus bleiben. [6] Da stieg er
schnell herunter und nahm Jesus freudig bei sich auf.
[7] Und alle, die das sahen, empörten sich und sagten:
Er ist bei einem Sünder eingekehrt. [8] Zachäus aber
wandte sich an den Herrn und sagte: Siehe, Herr,
die Hälfte meines Vermögens gebe ich den Armen,
und wenn ich von jemandem zu viel gefordert habe,
gebe ich ihm das Vierfache zurück. [9] Da sagte Jesus
zu ihm: Heute ist diesem Haus Heil geschenkt
worden, weil auch dieser Mann ein Sohn Abrahams
ist. [10] Denn der Menschensohn ist gekommen, um zu
suchen und zu retten, was verloren ist.

4. Betrachtung

Ich betrachte den Text, stelle mir diese Szene vor.
Ich versetze mich selbst in sie hinein. Wer bin ich
in dieser Szene? Bin ich Zachäus? Wie fühle ich
mich auf dem Baum? Jesus schaut hinauf zu mir?
Ich spüre seinen Blick. Was löst er in mir aus? Jesus
kommt zu mir nach Hause. Was biete ich ihm an?
Worüber reden wir?

5. Gespräch

Ich komme mit Jesus ins Gespräch darüber, so wie
ein Freund mit einem Freund spricht. Was möchte
ich ihm sagen? Was hat er mir zu sagen? Ich höre in
die Stille hinein …

6. Vaterunser

Ich bete ein Vaterunser.

7. Rückschau

Ich halte Rückschau und mache mir eine Notiz
darüber, was mir aufgegangen ist und welche
Gefühle ich nun habe.

Übung 2
„Ich habe den Herrn gesehen."
Betrachtung zu Johannes 20,11–18

1. Einstieg in die Gebetszeit
- Ich stehe und werde mir inne, dass ich in der Gegenwart Gottes bin, und mache dann ein Kreuzzeichen oder eine Verneigung.
- Ich setze mich und nehme meine Gebetshaltung ein, mache eine Wahrnehmungsübung, spüre meinen Körper und meinen Atem.
- Ich bete das Vorbereitungsgebet:
  Guter Gott, ich möchte jetzt ganz vor dir da sein, mit meinem Leib, mit meinem Geist, mit der Kraft und Liebe meines Herzens. Ich bitte dich um die Gnade, dass meine Absichten, Handlungen und mein ganzes Leben auf dich hin ausgerichtet seien.

2. Erbitten, was ich ersehne
   Herr, ich bitte dich, dass ich verstehe, was du mir sagen willst. Lass dein Wort in mir aufgehen und Frucht bringen …

3. Lesen der Bibelstelle
   [11] Maria aber stand draußen vor dem Grab und weinte. Während sie weinte, beugte sie sich in die Grabkammer hinein. [12] Da sah sie zwei Engel in

weißen Gewändern sitzen, den einen dort, wo der Kopf, den anderen dort, wo die Füße des Leichnams Jesu gelegen hatten. [13] Diese sagten zu ihr: Frau, warum weinst du? Sie antwortete ihnen:
Sie haben meinen Herrn weggenommen und ich weiß nicht, wohin sie ihn gelegt haben. [14] Als sie das gesagt hatte, wandte sie sich um und sah Jesus dastehen, wusste aber nicht, dass es Jesus war.
[15] Jesus sagte zu ihr: Frau, warum weinst du? Wen suchst du? Sie meinte, es sei der Gärtner, und sagte zu ihm: Herr, wenn du ihn weggebracht hast, sag mir, wohin du ihn gelegt hast! Dann will ich ihn holen. [16] Jesus sagte zu ihr: Maria! Da wandte sie sich um und sagte auf Hebräisch zu ihm: Rabbuni!, das heißt: Meister. [17] Jesus sagte zu ihr: Halte mich nicht fest; denn ich bin noch nicht zum Vater hinaufgegangen. Geh aber zu meinen Brüdern und sag ihnen: Ich gehe hinauf zu meinem Vater und eurem Vater, zu meinem Gott und eurem Gott.
[18] Maria von Magdala kam zu den Jüngern und verkündete ihnen: Ich habe den Herrn gesehen. Und sie berichtete, was er ihr gesagt hatte.

4. Betrachtung

Ich betrachte den Text, stelle mir diese Szene vor.
Ich versetze mich selbst in sie hinein. Warum bin
ich in den Garten gekommen? Ich höre die Fragen
Jesu: „Warum weinst du? Wen suchst du?" Besonders
höre ich, wie Jesus mich beim Namen nennt. Mit
welchem Akzent? Mit welchem Ton? Er sagt: „Halte
mich nicht fest!" Was sage ich zu ihm?

5. Gespräch

Ich komme mit Jesus ins Gespräch darüber, so wie
ein Freund mit einem Freund spricht. Was möchte
ich ihm sagen? Was hat er mir zu sagen? Ich höre in
die Stille hinein …

6. Vaterunser

Ich bete ein Vaterunser.

7. Rückschau

Ich halte Rückschau und mache mir eine Notiz
darüber, was mir aufgegangen ist und welche
Gefühle ich nun habe.

4 Mit dem eigenen Leben beten – Tagesrückblick

Ignatius von Loyola empfiehlt den Tagesrückblick als eine der wichtigsten geistlichen Übungen. Es geht darum, mit Gott den vergangenen Tag anzuschauen, das eigene Leben als Evangelium zu lesen, Spuren vom Reich Gottes mitten unter uns zu entdecken, zu unterscheiden, was im Leben förderlich und was hinderlich ist für ein Leben mit Gott.

Hier die einzelnen Schritte für diese Übung:

1. Still werden. Mich in Gottes Gegenwart stellen.
   Ich nehme wahr, wie ich da bin ...
   Ich nehme meinen Körper wahr ...
   Ich spüre meinen Atem, wie er kommt und geht ...
   Ich werde mir nun bewusst, dass ich in der Gegenwart Gottes bin; dass er so selbstverständlich da ist wie die Luft, die ich atme und durch die ich lebe.

2. Dank sagen für mein Leben.
   Ich wende mich an Gott: *Großer Gott, du bist gut. Immer bist du da. In dir lebe ich, bewege ich mich, bin ich. Ich danke dir für mein Leben und für deine Gegenwart in meinem Leben.*

3. Gott um einen ehrlichen und klaren Blick bitten.
Ich bitte dich: Lass mich mein Leben sehen, so wie es ist. Gib mir einen klaren Blick für das, was heute war. Lass mich mit dir diesen Tag betrachten.

4. Den Tag Revue passieren lassen.
Wie war mein Tag? Wen habe ich getroffen? Was hat sich getan? Was habe ich getan? Welche Gefühle waren in mir: Freude, Angst, Zuversicht, Hoffnung, Ruhe, Unruhe ...? Wo hat Gott mich berührt und geführt?

5. Gott danken für die empfangenen Gaben.
Wofür will ich ihm danken?

6. Um Vergebung und Heilung bitten.
Worum will ich ihn bitten?

7. Auf den nächsten Tag mit Gott vorausschauen.
Ich blicke kurz auf den kommenden Tag: Was kommt auf mich zu? Worauf freue ich mich? Wovor habe ich Angst? Ich vertraue alles Gott an, lege mein Leben in seine Hand.

8. Mit einem Vaterunser abschließen.

5 Mit dem Namen „Jesus" beten

Das Jesusgebet, auch Herzensgebet genannt, stammt
aus der Tradition der Ostkirchen. Die biblischen
Wurzeln können in der Geschichte des blinden Bettlers
von Jericho gesehen werden. Er sitzt an der Straße, und
als er merkt, dass Jesus vorübergeht, beginnt er laut
zu rufen: Sohn Davids, Jesus, hab Erbarmen mit mir
(Markus 10,46–52).

Einstimmung (5–10 Minuten)
- Ich mache eine Wahrnehmungsübung,
  spüre meinen Körper und meinen Atem.
- Ich werde mir bewusst, dass ich in der Gegenwart
  Gottes bin … dass er da ist wie die Luft, die ich atme
  und durch die ich lebe …
- Ich bete: *Gott, du bist gut. Immer bist du da. In dir
  lebe ich, bewege ich mich, bin ich. Ich möchte dir die
  kommende Gebetzeit schenken. Komm Heiliger Geist
  und bete in mir.*
- Ich stelle mir nun vor, Jesus ist in meiner Nähe. In
  welcher Gestalt stelle ich ihn mir zur Zeit am liebsten
  vor: als Kind, als Gekreuzigten, als auferstandenen
  Herrn …?

Jesusgebet (20–25 Minuten)

• Ich spreche nun wiederholend im Rhythmus
des Atems still oder mit leiser Stimme einen der
folgenden Gebetstexte aus:

Einatmen: *Herr Jesus Christus,*
Ausatmen: *hab Erbarmen mit mir.*
ODER:
Einatmen: *Jesus*
Ausatmen: *Christus*
ODER:
Ausatmen: *Jesus*

Ich probiere aus, was am besten passt, und rezitiere
den Namen Jesu mit ganzem Herzen, ganzer Seele,
denke an nichts anderes. Es ist fast mehr ein Hören
als ein Sprechen. Wenn ich abschweife, kehre ich zur
Wahrnehmung meiner Hände oder meines Atems
zurück. Sobald ich wieder ganz in der Gegenwart bin,
kann ich mit der Wiederholung des Namens Jesu
fortfahren.

• Ich schließe die Gebetszeit mit einem Vaterunser.

Hl. Petrus Canisius SJ
(1521–1597)

Petrus Canisius wurde 1521 in Nimwegen geboren. Im Alter von 22 Jahren trat er in den damals noch jungen Jesuitenorden ein. Der von ihm verfasste Katechismus galt lange als Richtschnur und Orientierungspunkt in Glaubensfragen. Peter Raneburger hat sich intensiv mit der Biographie von Canisius befasst und ein neues, einfühlsames Porträt des Heiligen angefertigt. Es ist mit dem Wort „Persevera!" versehen: Halte durch!, dem Lebensmotto von Canisius.

Peter Raneburger
pc (petrus canisius) . 42 x 72 cm . 2021 . Oilbar auf Papier

PERSEVERA !

Kleiner Katechismus

24 Fragen zum christlichen Glauben
mit Antworten aus katholischer Sicht

P. Robert Deinhammer SJ

Vorbemerkung

Dieser kleine Katechismus eignet sich zum persönlichen
Studium, etwa im Rahmen von Einkehrtagen, und auch
als Grundlage für Glaubensgespräche in Gruppen. Er
richtet sich an alle, die ernsthaft über den christlichen
Glauben nachdenken und ihn in unserer Zeit vor der
Vernunft verantworten möchten. Die darin enthaltenen
Aussagen werden besonders klar erfasst, wenn man
sich überlegt, zu welchen anderen möglichen Auf-
fassungen sie im Gegensatz stehen. Der Glaube hält
jeder kritischen Prüfung stand und kann sich daran nur
bewähren. Wo immer die christliche Botschaft als „Wort
Gottes" wirklich verstanden wird, da bringt sie reiche
Frucht (vgl. Matthäus 13,23). Es empfiehlt sich, die im
Text angegebenen Bibelstellen nachzuschlagen und
aufmerksam zu lesen.

1 Was steht am Anfang des Glaubens?

Auf den christlichen Glauben kommt man nicht durch Erfindung, irgendwelche außergewöhnliche Erfahrungen oder Versenkung in das eigene Innere. Auch die Frage nach dem Sinn des Lebens reicht dazu nicht aus. Zuerst muss einem die christliche Botschaft im Wort anderer Menschen begegnen; sie muss einem gesagt, also „überliefert" werden. Erst dann kann man über sie nachdenken und im Glauben annehmen, nämlich auf sie als das feste Fundament des eigenen Lebens vertrauen (vgl. Matthäus 7,24–27). Am Anfang des Glaubens steht also die Begegnung mit der christlichen Botschaft, die einem in der konkreten Lebenswirklichkeit von anderen Menschen „bezeugt" und mitgeteilt wird. Die christliche Botschaft bittet dabei um Gehör und Aufmerksamkeit, weil sie uns von dem befreien will, was uns immer wieder unmenschlich werden lässt, nämlich von der in unserer Todesverfallenheit wurzelnden Macht der Angst um uns selbst. Unser Glaube ist also auf die christliche Botschaft und ihren Inhalt gerichtet, er kommt vom Hören auf diese Botschaft (vgl. Römer 10,17).

2 Was ist die Grundaussage der christlichen Botschaft?

Die christliche Botschaft stellt einen unerhörten Anspruch, den sie durch ihren eigenen Inhalt erläutert und verständlich macht. Sie behauptet nämlich, „Wort Gottes" zu sein (vgl. 1 Thessalonicher 2,13). In jeder mitmenschlichen Weitergabe der christlichen Botschaft kommt Gott selbst zu Wort und teilt uns mit, was wir an den Zuständen der Welt in keiner Weise ablesen können: Gott ist der ganzen Welt und jedem Menschen mit unendlicher Liebe zugewandt. Die Grundaussage der christlichen Botschaft ist, dass Gott mit sich selbst Gemeinschaft schenkt, indem er uns Anteil gibt am Verhältnis Jesu zu Gott (vgl. Galater 4,4–7). Gegen diese nur durch das „Wort Gottes" offenbar werdende und im Glauben erkennbare Gemeinschaft mit Gott kommt keine Macht der Welt an, nicht einmal der Tod. In diesem Glauben muss man deshalb nicht mehr aus der Angst um sich selbst leben. Aber wo hat die christliche Botschaft ihren Ursprung und wie kann man sie überhaupt als „Wort Gottes" verstehen?

3 Wer ist Gott?

Nach der christlichen Botschaft ist Gott unendlich
größer als alles, was wir denken oder erfahren
können, er übersteigt unser Begreifen (vgl. Ijob 36,26;
Psalm 145,3; Römer 11,33–36). Deshalb kann man ihn
auch niemals für irgendwelche Erklärungen oder
Argumente „verwenden". Er ist kein Teil der Welt,
auch nicht die Welt als Ganze. Er ist kein Wesen neben
anderen Wesen, auch nicht das „höchste" Wesen. Und
er ist schon gar keine menschliche Selbstprojektion.
Darum kann Gott auch nicht zu einem Gegenstand der
Naturwissenschaften werden, die ja nur innerweltliche
Zusammenhänge erforschen. Die christliche Botschaft
setzt vielmehr voraus, dass Gott der Schöpfer der
gesamten Wirklichkeit ist und meint damit, dass
wir immer nur das von Gott Verschiedene begreifen
können, nämlich die Welt, die aber völlig auf ihn
verweist und ohne ihn überhaupt nicht sein kann. Gott
ist also der, „ohne den nichts ist" (und natürlich ist „Er"
auch nicht „männlich" oder „weiblich" im biologischen
Sinn). Nur so kann es einen Gottesbegriff geben, bei
dem die Unbegreiflichkeit Gottes voll gewahrt bleibt.

4 Was bedeutet es, dass die Welt Gottes „Schöpfung" ist?

Dass die Welt Gottes Schöpfung ist, betrifft nicht nur einen möglichen zeitlichen Anfang des Universums beim „Urknall" vor etwa 13,8 Milliarden Jahren, sondern bedeutet: Alles, was existiert, geht in jedem Augenblick seiner Existenz ganz darin auf, ohne Gott nicht sein zu können. Das Sein und das Geschaffensein der Welt ist ein und dasselbe. Könnten wir unser eigenes Geschaffensein beseitigen (wir können es nicht), dann bliebe nichts von uns übrig. Die Welt und alles in ihr ist also als das von Gott Verschiedene dennoch völlig auf Gott bezogen und in diesem Sinn restlos von ihm abhängig. Das gilt jedoch nicht in der umgekehrten Richtung. Gott seinerseits ist in keiner Weise von der Welt abhängig, sondern „wohnt im unzugänglichen Licht" (vgl. 1 Timotheus 6,16). Die Beziehung zwischen Geschöpf und Schöpfer ist einseitig. So ist Gott in sich selbst für unsere Vernunfterkenntnis verborgen, obwohl nichts ohne ihn sein kann. Dieses Schöpfungsverständnis steht in keinerlei Widerspruch zu naturwissenschaftlicher Wahrheit. Auch die Evolution ist zum Beispiel etwas, das ohne Gott nicht sein kann.

5 Wie kann man Gott erkennen und überhaupt von ihm sprechen?

Der Grund unserer Rede von Gott ist die Welt, die ganze Wirklichkeit unserer Erfahrung, die wir schon mit unserer Vernunft als auf ihn verweisend erkennen können, eben als geschaffen. Alles in der Welt stellt nämlich eine Einheit von Gegensätzen (+/-) wie Sein und Nichtsein oder Identität und Nichtidentität dar. Dies lässt sich widerspruchsfrei nur als geschaffen im erläuterten Sinn aussagen, nämlich als völlig auf Gott bezogen (+) und gleichzeitig völlig von ihm verschieden (-). Ausgehend von den relativen und begrenzten Vollkommenheiten der Welt kann man Gott absolute und unbegrenzte Vollkommenheit zuschreiben, etwa auch unendliche Selbstpräsenz in Erkennen und Wollen, also Personsein. Angemessenes Sprechen in Bezug auf Gott bleibt aber immer indirekt bzw. hinweisend („analog"): Die Welt ist aufgrund ihres Geschaffenseins Gott ähnlich und unähnlich zugleich. Gott seinerseits ist jedoch der Welt nur unähnlich; er kann nicht als Bestandteil eines Welt und Gott umfassenden Gesamtsystems gedacht werden. Aber wir sprechen richtig von Gott, wenn wir sagen, dass sich alles in der Welt ihm verdankt.

6 In welchem Sinn ist Gott „allmächtig"?

Gott ist nicht allmächtig in dem Sinn, dass er alles
Mögliche tun könnte, wobei wir aber nie wissen
würden, ob er es dann auch tatsächlich tun will.
Vielmehr ist Gott in dem Sinn allmächtig, dass alles,
was faktisch ist oder geschieht, ohne ihn nicht sein
oder geschehen kann (vgl. Matthäus 10,29). Gott ist
„in allem mächtig", und zwar in der Weise, dass alles
restlos von ihm abhängig ist. Das gilt vom Guten und
auch vom Schlimmen in unserer Welt, von überhaupt
allem (vgl. Jesaja 45,7), wobei man aber wegen der
Unbegreiflichkeit Gottes niemals irgendwelche
Sachverhalte von Gott herleiten oder mit ihm erklären
kann. Es kann kein Welt und Gott übergreifendes
Denken geben. Für sich genommen ist die Rede von
dieser Allmacht Gottes noch keineswegs tröstlich,
sondern genauso ambivalent wie die Welt selbst. Sie
wird es aber, wenn uns durch die christliche Botschaft
Gemeinschaft mit Gott zugesagt wird. Denn wenn der
in allem mächtige Gott für uns ist, dann kann keine
Macht der Welt dagegen ankommen, dass wir in
seiner Liebe geborgen sind, nicht einmal der Tod
(vgl. Römer 8,31).

7 Worin besteht die Grundproblematik aller Religionen?

In allen wirklichen Religionen geht es um das Heil, um ein letztes und unüberbietbares Geborgensein, auch wenn nicht ausdrücklich von Gott oder Gemeinschaft mit ihm die Rede ist. Andernfalls handelt es sich um Pseudoreligion und Aberglaube, also um Weltvergötterung. Für alle Religionen ergibt sich dabei jedoch das leider selten bedachte Problem, wie ein solches unüberbietbares Geborgensein überhaupt möglich sein kann. Wie kommt Gemeinschaft mit Gott zustande, wenn die Beziehung zwischen Geschöpf und Schöpfer einseitig ist? Nichts in der Welt kann Gemeinschaft mit Gott begründen, keine guten Werke des Menschen und keine noch so große geschaffene Vollkommenheit. Keine geschöpfliche Qualität kann jemals Gemeinschaft mit Gott ermöglichen. Von der Welt her gesehen gibt es deshalb keinen Zugang zu Gott. Der absolute Gott kann nicht abhängig werden von der Welt, er wohnt im unzugänglichen Licht, niemand hat ihn je gesehen (vgl. Johannes 1,18). In seiner Majestät ist Gott ein verborgener und abwesender Gott. Wie kann dieser Gott sich uns zuwenden und gar zu uns „sprechen"? Die Religionen verheißen ein Heil, das bei genauerem Hinsehen als völlig unmöglich erscheint.

8 Warum berufen wir uns auf Jesus als den „Sohn Gottes"?

Vor diesem dunklen Hintergrund erläutert der Inhalt der christlichen Botschaft, wie dennoch Gemeinschaft mit Gott ausgesagt werden kann. Wir berufen uns auf Jesus von Nazaret als den Christus, den menschgewordenen Sohn Gottes, um verständlich zu machen, dass Gott der Welt in Liebe zugewandt ist und in einem schlichten menschlichen Wort zu uns spricht. Jesus ist also nicht nur ein Religionsstifter oder ein moralisches Vorbild, seine Bedeutung ist unendlich größer. An Jesus als den Sohn Gottes glauben bedeutet, aufgrund seines Wortes sich (und die ganze Welt) mit ihm und um seinetwillen von Gott mit der Liebe angenommen zu wissen, in der Gott ihm von Ewigkeit her zugewandt ist (vgl. Johannes 17,20–26). Dieser Glaube ist das Erfülltsein vom Heiligen Geist. Der Sohn Gottes hat in Jesus eine menschliche Natur angenommen und wurde von Maria geboren, um uns in einem schlichten menschlichen Wort Gottes Gegenwart offenbaren zu können. Sie besteht darin, dass wir an seinem Verhältnis zum Vater Anteil haben. Gott ist also der Welt in intensivster Weise zugewandt, ohne dadurch aber von der Welt abhängig zu werden; seine Liebe hat nicht ihr Maß an der Welt. Auch in seiner Zuwendung zur Welt bleibt Gott unbegreiflich.

9 Was bedeutet die „Dreifaltigkeit Gottes"?

Das Bekenntnis zur Gottessohnschaft Jesu verweist auf die Dreifaltigkeit Gottes. Die eine unbegreifliche göttliche Wirklichkeit existiert von Ewigkeit her als Gott Vater, Gott Sohn und Gott Heiliger Geist: Eine Natur in drei Personen. Vater, Sohn und Heiliger Geist sind göttliche Personen in dem Sinn, dass sie unterschiedliche Weisen der Selbstpräsenz Gottes sind, nämlich Relationen Gottes auf sich selbst. Gott besitzt sich selbst als Vater, als Sohn und als Heiliger Geist, und dies jeweils ganz. Dieses zentrale Glaubensgeheimnis ist zwar nicht logisch schwierig, aber es wird nur im Glauben an das „Wort Gottes" als wahr erkannt, weil seine Wahrheit unser natürliches Erkenntnisvermögen völlig übersteigt. Die Bedeutung des Glaubens an die Dreifaltigkeit besteht darin, Gottes Absolutheit und seine Zuwendung zur Welt miteinander vereinbaren zu können: Die Welt ist von vornherein hineingeschaffen in die unendliche Liebe Gottes zu Gott, in die Liebe des Vaters zum Sohn, die selber Gott ist, nämlich der Heilige Geist (vgl. Römer 5,1–11; Epheser 2,18). Nur so kann ein Geschöpf mit Gott Gemeinschaft haben. Dieses Verständnis, das in der frühen Kirchengeschichte theologisch ausbuchstabiert wurde, verdanken wir Jesus Christus.

10 Wie kann Jesus zugleich „wahrer Mensch" und „wahrer Gott" sein?

Wenn die christliche Botschaft wirklich „Wort Gottes" ist, dann muss der Urheber dieser Botschaft zugleich Mensch und Gott sein. Jesus ist wahrer Mensch, in allem uns gleich, außer der Sünde, also der eigentlich menschliche Mensch; und zugleich ist er der ewige Sohn Gottes. Die menschliche Natur Jesu ist vom ersten Augenblick ihrer Existenz an aufgenommen in die Selbstpräsenz Gottes, die wir den „Sohn" nennen: zwei Naturen in einer Person. Dabei sind nach dem Konzil von Chalzedon (451) das Menschsein und das Gottsein Jesu weder miteinander vermischt noch voneinander getrennt, sondern voneinander verschieden, aber gleichzeitig untrennbar miteinander verbunden. Auch die Gottessohnschaft Jesu kann nur im Glauben erkannt werden, weil sie nicht an seinem Menschsein ihr Maß hat und deshalb auch nicht daran abgelesen werden kann. Und sie wird erst dann in ihrer wahren Bedeutung erfasst, wenn es dabei zugleich um unser eigenes Verhältnis zu Gott geht: Gott liebt uns so wie seinen eigenen ewigen Sohn. Jesus ist der, durch den wir Zugang zu Gott haben. So ist Jesus Christus unser Heiland und Erlöser (vgl. Johannes 3,16–17).

11 Warum ist Jesus am Kreuz gestorben?

Jesus wurde verfolgt und am Kreuz ermordet, weil er Anhänger für seine befreiende Botschaft gefunden hatte. Wer an ihn glaubte, lebte nicht mehr aus der Angst um sich selbst und war damit auch nicht mehr erpressbar. Deshalb stellte Jesus eine Gefahr für die geltende Herrschaftsordnung dar und musste beseitigt werden. Jesus verkündete mit Vollmacht die Nähe Gottes und kritisierte alle selbstgemachten religiösen Vorstellungen. Er brachte die Selbstgerechtigkeit auch der angeblich Frommen ans Licht. Er wandte sich den Ausgeschlossenen und Sündern zu. Sein Selbstverständnis und sein Anspruch auf Glauben waren skandalös, ja „gotteslästerlich". Aber Jesus blieb seiner Sendung auch angesichts der Todesdrohung treu. Er ist nicht am Kreuz gestorben, weil Gott aus „Gerechtigkeitsgründen" ein unschuldiges Opfer brauchte, sondern um Gottes unendliche Liebe bis zum Äußersten zu bezeugen (vgl. 1 Timotheus 6,13; Offenbarung 1,5). So wirkt Jesus Christus durch seine Lebenshingabe für uns die Erlösung, die im Glauben an ihn und seine Botschaft besteht.

12 Worin besteht die Auferstehung Jesu?

Der Tod konnte keine Macht über Jesus gewinnen, für immer lebt er in der Herrlichkeit Gottes. Sein irdisches Leben hat sich in Gott endgültig vollendet. Der Glaube an die Auferstehung Jesu ist nichts anderes als der Glaube an seine Gottessohnschaft angesichts des Todes. Weil wir im Glauben Anteil an seinem Verhältnis zum Vater haben, ist auch für uns die Macht des Todes gebrochen: Nicht einmal der Tod kann uns aus der Gemeinschaft mit Gott herausreißen (vgl. Römer 8,31–39). Aber Auferstehung und ewiges Leben, die bereits jetzt im Glauben beginnen, fallen so wie unsere Gemeinschaft mit Gott nicht unter Vorstellungskategorien (vgl. 1 Korinther 2,9). Auch die Auferstehung Jesu war nur dem Glauben zugänglich. Man hätte sie zum Beispiel nicht filmen können, wenn damals schon Digitalkameras zur Verfügung gestanden wären. Jesus selbst erläutert sein Verständnis von Auferstehung so: Gott ist kein Gott von Toten, sondern ein Gott von Lebenden (vgl. Markus 12,18–27).

13 Was bedeutet also Glauben im christlichen Sinn?

Glauben heißt, sich auf Gott zu verlassen, nämlich sich so bedingungslos von Gott angenommen zu wissen, dass man nicht mehr unter der Macht der Angst um sich selbst leben muss. Für diesen Glauben berufen wir uns auf das „Wort Gottes", das in Jesus seinen Ursprung hat (vgl. Hebräer 12,2). An Jesus als den Sohn Gottes glauben bedeutet, auf sein Wort hin sich und die ganze Schöpfung in der ewigen Liebe zwischen dem Vater und dem Sohn geborgen zu wissen. Dieser Glaube ist Gnade, er übersteigt als das Erfülltsein vom Heiligen Geist unsere natürlichen Erkenntniskräfte und ist Gottes Werk in uns (vgl. 1 Korinther 12,3; Epheser 2,8). Aber in diesem Glauben kommt die ganze Welt unter ein neues Vorzeichen. Während die Welt außerhalb des Glaubens betrachtet ein Gleichnis der Abwesenheit Gottes bzw. letzter Verlorenheit ist („Hölle"), wird sie im Glauben betrachtet zu einem Gleichnis der Gemeinschaft mit Gott („Himmel"). Man kann überhaupt nur in Gleichnissen, die aus guter irdischer Erfahrung stammen, über die im Glauben gemeinte Wirklichkeit sprechen.

14 Wie wirkt sich dieser Glaube im Leben aus?

Der Glaube befreit den Menschen zu wahrer Menschlichkeit, indem er ein Vertrauen schenkt, das stärker
ist als alle Angst um sich selbst. Denn diese in
unserer Todesverfallenheit wurzelnde ängstliche
Selbstfixierung ist der letzte Grund für alles Böse in
unserer Welt (vgl. Hebräer 2,15). Im Glauben muss man
sich also nicht mehr um jeden Preis an geschaffene
Güter festklammern; man muss sich nicht mehr um
jeden Preis selber sichern und kann auch die eigene
Begrenztheit akzeptieren. So befreit der Glaube im
Handeln zur Liebe, im Leiden zur Hoffnung und
überhaupt zur Dankbarkeit. Er ist die erlösende
Alternative zu jeder Form von Weltvergötterung bzw.
der dann vorprogrammierten Verzweiflung an der Welt.
Es gibt auch einen „anonymen Glauben", der noch
nicht den Namen Jesu kennt. Es handelt sich dabei um
ein aus der Welt nicht erklärbares Grundvertrauen, das
erst im Licht der christlichen Botschaft ganz zu sich
selbst kommt (vgl. Johannes 3,21). Die durch Glauben
ermöglichte Nächstenliebe besteht darin, dass man
sich in die Situation anderer Menschen hineinversetzt,
und ihnen das tut, was hilfreich ist und die Not lindert
(vgl. Lukas 10,25–37).

15 Was ist der Unterschied zwischen „Gesetz" und „Evangelium"?

Das soeben Gesagte kann man auch so ausdrücken:
Die christliche Botschaft befreit als Evangelium dazu,
das Gesetz in Wahrheit zu erfüllen. Jeder Mensch
steht aufgrund seines Gewissens von vornherein unter
dem unbedingten Anspruch, sich menschlich und
nicht unmenschlich zu verhalten, also etwa nicht den
eigenen Vorteil auf Kosten anderer zu suchen und
nichts in der Welt zu vergöttern. Dieser Anspruch,
der auch den moralischen Normen zugrunde liegt,
ist das Gesetz, und er stammt letztlich von Gott.
Man braucht keinen Glauben, um die Forderungen
des Gesetzes zu erkennen. Aber das Gesetz, das uns
auch in der Bibel bezeugt wird, lässt uns mit unseren
eigenen Kräften allein. Immer wieder scheitern wir
daran und verdrängen es, weil es uns mit unserer
Erlösungsbedürftigkeit konfrontiert, die wir nicht
wahrhaben wollen. Vor diesem Hintergrund wird den
Sündern das Evangelium verkündet, die frohmachende
Botschaft. Diese Botschaft fordert nichts, sondern
schenkt uns durch die Zusage der Gemeinschaft
mit Gott die Freiheit zur selbstlosen Erfüllung des
Gesetzes, nämlich die „Freiheit der Kinder Gottes"
(vgl. Römer 8,12–21). Man darf Gesetz und Evangelium
weder vermischen noch trennen, sondern muss sie
streng unterscheiden und zugleich in ihrer Bedeutung
füreinander verstehen.

16 Wozu ist die Kirche da?

Die Kirche ist die Gemeinschaft derer, die an Jesus Christus als den Sohn Gottes glauben und durch den Heiligen Geist mit Christus und untereinander verbunden werden. So ist sie keine nur menschliche Einrichtung oder Erfindung. Die Kirche führt die von Jesus Christus begonnene Mission in der Geschichte weiter. Sie soll das Evangelium, dass Gott die Welt mit sich versöhnt hat, für eben diese Welt bezeugen und weitergeben (vgl. 2 Korinther 5,18–20). Das tut sie vor allem in ihrer Verkündigung und in ihrem sakramentalen Handeln, aber auch in ihrem Einsatz für Wahrheit und Gerechtigkeit. Die drei Hauptfunktionen der Kirche sind die Evangelisierung, die Feier der Liturgie und die Diakonie, also der Einsatz für Menschlichkeit im Geiste Jesu. Das Wort „katholisch" ist nicht nur die Selbstbezeichnung unserer Kirche, sondern stellt auch einen Normbegriff dar: „Katholisch" bedeutet „allumfassend", „universal". Es muss sich um eine Verkündigung handeln, die sich in verständlicher Weise an alle Menschen richtet und auch der Einheit der Christen dient. Die Kirche lädt überhaupt alle Menschen ein, sich mit der christlichen Botschaft auseinanderzusetzen und sie im Glauben anzunehmen.

17 Was sind „Sakramente"?

Sakramente sind wirksame Zeichen der Liebe Gottes.
Sie enthalten die Gnade, die sie bezeichnen, und teilen
sie den gläubigen Empfängern mit. Die Sakramente
sind kurze Zusammenfassungen unseres Glaubens an
Jesus Christus und unterstreichen dessen Bedeutung
für unterschiedliche Lebenssituationen. Von der
Verkündigung des „Wortes Gottes" unterscheiden
sich die Sakramente darin, dass sie sich an die bereits
Glaubenden richten oder zur Aufnahme in die Kirche
gespendet werden. Die Sakramente verdeutlichen und
unterstreichen etwas, was bereits in der Glaubensverkündigung geschieht: Gottes Zuwendung ist
ganz real und meint den konkreten Menschen in
seiner jeweiligen Situation. In allen Sakramenten
ist Jesus Christus der eigentlich Handelnde, indem
er die Glaubenden hineinnimmt in sein Verhältnis
zum Vater. Die römisch-katholische Kirche kennt
sieben Sakramente: Taufe, Firmung, Eucharistie,
Bußsakrament, Ehe, Weihe und Krankensalbung.

18 Was feiern wir in der Eucharistie?

„Eucharistie" bedeutet Danksagung. In jeder Eucharistie
erinnern wir uns an das letzte Abendmahl und feiern
unsere Erlösung, nämlich unsere Gemeinschaft mit
Jesus Christus und untereinander im Heiligen Geist.
Unser Glaube lebt so von Jesus wie das irdische Leben
von Speise und Trank. Jesus ist in den gewandelten
Gestalten von Brot und Wein für den Glauben wirklich
gegenwärtig und teilt uns sein göttliches Leben mit,
indem er uns zu seinen Brüdern und Schwestern
macht (vgl. Johannes 6,53–58). In diesem Sinn hat die
Eucharistie Opfercharakter, weil sie die Lebenshingabe
Jesu vergegenwärtigt: Gott selbst schenkt sich in
seinem Sohn aus Liebe den Menschen und gibt sich
in ihre Hände. Unsere Antwort darauf ist Dankbarkeit
und ein liebevolles Leben aus dem Glauben, das sich
nicht mehr von der Angst um sich selbst bestimmen
lässt. Mit nichts kann man Gott größere Ehre erweisen.
Der hl. Augustinus (354–430) hat die Bedeutung der
Eucharistie einmal so ausgedrückt: „Seid, was ihr seht,
und empfangt, was ihr seid: Leib Christi."

19 Wozu dient das Amt in der Kirche?

Alle Getauften haben Anteil am „allgemeinen" Priestertum Christi (vgl. 1 Petrus 2,9). Sie haben damit die Vollmacht und den Auftrag, in ihrer jeweiligen Lebensform
Zeugnis für das Evangelium abzulegen und im Namen
Jesu den Glauben für die Welt weiterzugeben. Nur in
dieser Weise kann die Kirche ihre Sendung erfüllen.
Das „besondere" Priestertum in der Kirche (Diakon,
Presbyter, Bischof) dient der Leitung und soll den Gläubigen helfen, das „gemeinsame" Priestertum gut zu leben. Das Gegenüber von Gemeinde und Amt ergibt sich
aus der Struktur des Glaubens selbst. Das Amt in der
Kirche verdeutlicht nämlich, dass sich die Gemeinde
den Glauben nicht selber geben kann, sondern ihn immer wieder neu im Wort der Verkündigung empfangen
muss: Der Glaube kommt vom Hören (vgl. Römer 10,17).
Im Übrigen kann das „Wort Gottes" nur mit dem Anspruch auf unbedingte Verlässlichkeit weitergegeben
werden. Es ist ein Wort, in dem selber das geschieht,
wovon es redet, nämlich dass Gott sich uns schenkt.
Ein solches Wort ist deshalb schlechthin verlässlich.
Darauf bezieht sich die Rede von der „Unfehlbarkeit"
des Glaubens bzw. dann auch der Kirche und etwa des
Papstes in der Verkündigung dieses Glaubens.

20 Inwiefern ist die Bibel die „Heilige Schrift"?

Die Bibel ist Heilige Schrift, weil sie Gottes Selbst-offenbarung bezeugt und enthält, wobei die Mitte der Schrift Jesus Christus selbst ist. Sie ist nämlich die „Ur-Kunde" unseres Glaubens an Jesus als den Sohn Gottes. Im Neuen Testament wird uns ausdrücklich die christliche Botschaft vermittelt, in der Gott seine rettende Gegenwart offenbart. Die Schrift Israels, die den unersetzbaren Hintergrund für das Wirken Jesu bildet, wird von den Christen im Licht des Neuen Testaments als endgültig erfüllt verstanden und so zum „Alten Testament". Eine Grundaussage der Schrift Israels ist in der sog. Bundesformel zusammengefasst: „Ich bin euer Gott, ihr seid mein Volk" (vgl. Jeremia 11,4; Levitikus 26,12; Ezechiel 11,20). Mehr als Gemeinschaft mit Gott kann es nicht geben. Ein Bund Gottes mit den Menschen ist aber nur so möglich, dass die Welt aufgenommen ist in die Liebe des Vaters zum Sohn, und dass dies durch das Wort des menschgewordenen Sohnes Gottes offenbar wird. Der Sinn der ganzen Heiligen Schrift besteht in der heutigen Weitergabe des Glaubens an Jesus Christus. So könnte man auch sagen, dass der Sinn der Bibel die Tradition ist, also die Überlieferung der christlichen Botschaft für die jeweilige Zeit.

21 Was ist christliches Gebet?

Christliches Gebet ist die ausdrückliche Antwort auf das „Wort Gottes" und notwendig, um in der Grundhaltung des Glaubens bleiben zu können. Im Gebet müssen wir nicht einen Dialog mit Gott beginnen, sondern dürfen uns immer wieder neu auf das einlassen, was Gott uns schon längst zuvor in Jesus mitgeteilt hat. Christliches Gebet wird unfehlbar erhört, weil es „im Namen Jesu" geschieht und sich auf eine Wirklichkeit bezieht, die auch unabhängig vom ausdrücklichen Beten besteht, aber erst im Gebet voll erfasst wird, nämlich auf unsere Gemeinschaft mit Gott (vgl. Lukas 11,9–13). Unser Gebet geschieht also „im Namen Jesu": Der Vater hört in unserem Beten die Stimme seines eigenen Sohnes. Deshalb dürfen wir gewiss sein, dass wir Gott als „Du" erreichen. Beten kann ganz unterschiedliche Anlässe und Formen haben: Dank, Anbetung, Bitte, Klage, Lobpreis, einfaches Verweilen in der Gegenwart Gottes, individuell und gemeinschaftlich, usw. Unser Gebet ist gut, wenn es von Herzen kommt und uns in Glaube, Hoffnung und Liebe wachsen lässt. Das wesentliche Merkmal jeder christlichen Meditation ist ihre Bindung an den Inhalt der christlichen Botschaft.

22 Wie ist das Verhältnis von Glaube und Vernunft?

Glaube und Vernunft unterscheiden sich sowohl im Erkenntnisgegenstand als auch in der Erkenntnisweise. Gegenstand der Vernunft ist die ganze weite Welt einschließlich ihres Geschaffenseins. Die Vernunft ist unsere natürliche Erkenntnisfähigkeit. Gegenstand des Glaubens ist demgegenüber allein die durch das „Wort Gottes" offenbar werdende Selbstmitteilung Gottes an sein Geschöpf, also dass wir mit Gott Gemeinschaft haben, indem wir in die Liebe des Vaters zum Sohn aufgenommen sind. Glaube ist keine Leistung des Menschen, sondern ein Empfangen. Er ist das Werk Gottes in uns, eine vom Heiligen Geist getragene Erkenntnis (vgl. Johannes 6,29; 1 Korinther 12,3). Obwohl die Wahrheit des Glaubens alle Vernunft übersteigt und nicht in ihren Rahmen eingeordnet werden kann, gibt es doch keinen Widerspruch zwischen Glaube und wahrer Vernunfteinsicht. Man kann sich jedenfalls nicht auf stichhaltige Vernunftgründe berufen, wenn man sachgemäße Glaubensverkündigung ablehnt. Innerhalb des Glaubens dient die Vernunft dazu, die Einheit aller Glaubensaussagen zu erfassen: Alle einzelnen Glaubens-aussagen entfalten immer nur unsere Gemeinschaft mit Gott, die man an der Welt nicht ablesen kann. Und wirklicher Glaube ermöglicht wiederum einen aufmerksamen und selbstkritischen Vernunftgebrauch, indem er uns auch dazu befreit, mit unserer fehlbaren Vernunft so vernünftig wie möglich umzugehen.

23 Wie kann ein allmächtiger und liebender Gott das Leid zulassen?

Gottes Allmacht besteht, wie bereits erläutert wurde, nicht darin, dass er alles Mögliche tun könnte, sondern dass er in allem wirklichen Geschehen mächtig ist: Nichts kann ohne ihn sein. Das gilt vom Guten und auch vom Schlimmen in unserer Welt (vgl. Jesaja 45,7). Aber man kann wegen der Unbegreiflichkeit Gottes niemals irgendwelche Sachverhalte in der Welt von Gott herleiten oder mit ihm erklären, auch nicht die Sünde und das Leid. Und Gottes Liebe kann gegen alles Wunschdenken nicht an unserem irdischen Wohlergehen abgelesen werden, sondern besteht darin, dass er in einer Weise mit sich Gemeinschaft schenkt, dass dagegen selbst der Tod keine Macht mehr hat (vgl. Römer 8,35–39; Psalm 23). Obwohl die Liebe Gottes nicht an der Welt abgelesen werden kann, ist sie dennoch nicht ohne Bezug zur Welt: Im Glauben wird jede gute Erfahrung zum Gleichnis dieser Liebe, während schlechte Erfahrung aufgehört hat, Gleichnis ewiger Verlorenheit zu sein. Damit erlöst der Glaube auch von der „Theodizeefrage", in der gewöhnlich Allmacht und Liebe Gottes falsch verstanden werden. Diese Frage wird in ihren Voraussetzungen aus den Angeln gehoben und ersetzt durch die Frage, was der Glaube für unseren Umgang mit dem Leid bedeutet: Wir müssen im Leid nicht mehr verzweifeln und können uns nach Kräften für die Minderung des Leidens in der Welt einsetzen. Wenn ein Glaubender für sich zwischen Leidfreiheit und Solidarität mit anderen wählen muss, dann wählt er die Solidarität.

24 Was bedeutet der Name „Gesellschaft Jesu"?

„Gesellschaft Jesu" bzw. „Societas Jesu" ist nicht nur
der Name des von Ignatius von Loyola (1491–1556)
gegründeten Jesuitenordens, sondern bezeichnet
das Christsein überhaupt: Für alle Christen gilt, dass
sie zu Jesus Christus gehören und gemeinsam mit
ihm vor Gott stehen, dass sie also Anteil haben an
der Liebe zwischen dem Vater und dem Sohn im
Heiligen Geist (vgl. 1 Korinther 1,9; 1 Johannes 1,3). Der
Jesuitenorden will als „kleine" Gesellschaft Jesu der
„großen" Gesellschaft Jesu dienen, indem er dieses
Verständnis verbreitet und für Glauben, Gerechtigkeit
und Versöhnung eintritt. Die ignatianische Spiritualität
ist davon geprägt und hat ihre eigentliche Wurzel in
der Dankbarkeit gegenüber Gott. Biblischer Ausdruck
dafür ist etwa Kolosser 3,17: „Alles, was ihr in Worten
und Werken tut, geschehe im Namen Jesu, des
Herrn. Durch ihn dankt Gott, dem Vater!" In einem
Leben aus solcher Dankbarkeit geschieht dann auch
die jeweils größere Ehre Gottes, die im Wahlspruch
des Jesuitenordens zum Ausdruck kommt: Alles zu
größerer Ehre Gottes.

Literaturhinweise zur Vertiefung

Katechismus der Katholischen Kirche. Kompendium,
    München 2005.
Peter Knauer, *Unseren Glauben verstehen*, Würzburg [8]2014.
Herbert McCabe, *The Teaching of the Catholic Church.*
    A New Catechism of Christian Doctrine, London 2000.

Zeuginnen und Zeugen des christlichen Glaubens

Franz Reinisch
1903 in Feldkirch/Vorarlberg geboren; Pallottiner-Pater; verweigerte den Fahneneid im Dritten Reich; Vorbild für Franz Jägerstätter; am 21. August 1942 in Brandenburg-Görden enthauptet.

Angela Autsch
1900 in Röllecken/D geboren; 1938 ewige Gelübde als Trinitarier-schwester in Mötz/Tirol; Verrat an die Nazis; zuerst im KZ Ravensbrück gefangen, dann im KZ Ausschwitz, wo sie am 23. Dezember 1944 starb.

Ignacio Ellacuría
1930 in Spanien geboren; Jesuiten-Pater; Theologie-Studium in Innsbruck; am 16. November 1989 in San Salvador ermordet.

Franziska Jägerstätter
1913 in Hochburg/Oberösterreich geboren; teilte ihren Glauben mit ihrem Mann Franz, besonders durch die gemeinsame Bibellektüre; sorgte für die Kinder Rosalia, Maria und Aloisia; am 16. März 2013 in St. Radegund gestorben.

Franz Jägerstätter
1907 in St. Radegund/Oberösterreich geboren; verweigerte aufgrund seines Glaubens den Dienst mit der Waffe in der Wehrmacht; am 9. August 1943 in Berlin-Plötzensee enthauptet; Seligsprechung 2007.

Carl Lampert
1894 in Göfis/Vorarlberg geboren; Stellvertreter des Bischofs von Innsbruck; als katholischer Priester von den Nazis mehrmals im Gefängnis, im KZ Sachsenhausen und im KZ Dachau inhaftiert; am 13. November 1944 in Halle enthauptet; Seligsprechung 2011.

Josef Mayr-Nusser
1910 in Bozen/Südtirol geboren; aus Glaubensgründen verweigerte er 1944 den Eid als Soldat; daraufhin zum Tod verurteilt; starb auf dem Weg ins KZ Dachau am 24. Februar 1945; Seligsprechung 2017.

Dietrich Bonhoeffer
1906 in Breslau geboren; evangelischer Theologe; als Widerstandskämpfer ermordet im KZ Flossenbürg am 9. April 1945.

Restituta Kafka
1894 in Hussowitz bei Brünn geboren; Franziskanerin bei den Hartmann-Schwestern; OP-Schwester in Mödling; 1942 denunziert; weigerte sich, Kreuze aus den Krankenzimmern zu entfernen; am 30. März 1943 im Wiener Landesgericht enthauptet; Seligsprechung 1998.

Franz Reinisch

Angela Autsch

Ignacio Ellacuría

Franziska Jägerstätter

Franz Jägerstätter

Carl Lampert

Josef Mayr-Nusser

Dietrich Bonhoeffer

Restituta Kafka

Geistliche Texte

Das Kreuzzeichen

Beim „großen Kreuzzeichen" berühren Fingerspitzen der rechten Hand die Stirn, die Leibmitte, dann die linke und rechte Schulter. Beim „kleinen Kreuzzeichen" – das zum Beispiel am Beginn des Evangeliums in der Heiligen Messe gemacht wird – zeichnet man mit dem Daumen ein Kreuz auf Stirn, Lippen und Brust, das bedeutet: mit dem Verstand erkennen, mit dem Mund bekennen, im Herzen bewahren.

Im Namen des Vaters
und des Sohnes
und des Heiligen Geistes.
Amen.

Der Lobpreis des dreieinigen Gottes

Ehre sei dem Vater
und dem Sohn
und dem Heiligen Geist.

Wie im Anfang,
so auch jetzt und allezeit
und in Ewigkeit. Amen.

Ignatius von Loyola über das Kreuzzeichen und die Hl. Dreifaltigkeit

Wenn wir das heilige Kreuzzeichen machen, legen wir die Finger der Hand zuerst an das Haupt: Das bedeutet Gott den Vater, der von niemandem ausgeht. Dann berühren unsere Finger den Leib: Das bedeutet den Sohn, unseren Herrn, der vom Vater gezeugt wird und in den Leib der heiligen Jungfrau Maria herabsteigt. Dann legen wir die Finger an die eine und die andere Schulter: Das bedeutet den Heiligen Geist, der da ausgeht vom Vater und vom Sohn. Und wenn wir unsere Hände wieder ineinander falten, dann soll das sinnbilden, dass drei Personen eine einzige Wesenheit sind. Und endlich, wenn wir unseren Mund mit dem Kreuzzeichen siegeln, so sagt das: in Jesus unserem Heiland und Erlöser wohnt der Vater, der Sohn, der Heilige Geist, ein einiger Gott, unser Schöpfer und Herr.

aus: Ignatius von Loyola: Geistliche Briefe, hg. von Hugo Rahner, 1956

Madonna della Strada
Maria vom Wege

Bild in der Jesuitenkirche *Il Gesù* in Rom.
Gemalt am Anfang des 14. Jahrhunderts.
Für Ignatius und seine Gefährten war dieses
Marienbild besonders wertvoll – und so ist es
bis heute für Jesuiten in der ganzen Welt.

Das Apostolische Glaubensbekenntnis

Ich glaube an Gott, den Vater, den Allmächtigen,
den Schöpfer des Himmels und der Erde,
und an Jesus Christus, seinen eingeborenen Sohn,
unsern Herrn,
empfangen durch den Heiligen Geist,
geboren von der Jungfrau Maria,
gelitten unter Pontius Pilatus,
gekreuzigt, gestorben und begraben,
hinabgestiegen in das Reich des Todes,
am dritten Tage auferstanden von den Toten,
aufgefahren in den Himmel;
er sitzt zur Rechten Gottes, des allmächtigen Vaters;
von dort wird er kommen,
zu richten die Lebenden und die Toten.

Ich glaube an den Heiligen Geist,
die heilige katholische Kirche,
Gemeinschaft der Heiligen,
Vergebung der Sünden,
Auferstehung der Toten
und das ewige Leben. Amen.

Das „Gegrüßet seist du Maria"

Gegrüßet seist du, Maria,
voll der Gnade,
der Herr ist mit dir.
Du bist gebenedeit unter den Frauen,
und gebenedeit ist die Frucht
deines Leibes, Jesus.

Heilige Maria, Mutter Gottes,
bitte für uns Sünder
jetzt und in der Stunde
unseres Todes. Amen.

Der „Engel des Herrn" (Angelus)

Der „Engel des Herrn" ist eine bewährte Weise, den Tag zu heiligen. Viele Christen beten am Morgen, am Mittag und am Abend (zum Läuten der Angelusglocke) dieses Gebet.

V Der Engel des Herrn brachte Maria die Botschaft,
A und sie empfing vom Heiligen Geist.

Gegrüßet seist du, Maria ...

V Maria sprach: Siehe, ich bin die Magd des Herrn;
A mir geschehe nach deinem Wort.

Gegrüßet seist du, Maria ...

V Und das Wort ist Fleisch geworden
A und hat unter uns gewohnt.

Gegrüßet seist du, Maria ...

V Bitte für uns, heilige Gottesmutter,
A dass wir würdig werden der Veheißungen Christi.

V Lasset uns beten. – Allmächtiger Gott, gieße deine
   Gnade in unsere Herzen ein. Durch die Botschaft des
   Engels haben wir die Menschwerdung Christi, deines
   Sohnes, erkannt. Lass uns durch sein Leiden und
   Kreuz zur Herrlichkeit der Auferstehung gelangen.
   Darum bitten wir durch Christus, unseren Herrn.
A Amen.

Ein hörendes Herz

1 Könige 3,5–15

[5] In Gibeon erschien der HERR dem Salomo nachts im Traum und forderte ihn auf: Sprich eine Bitte aus, die ich dir gewähren soll! [6] Salomo antwortete: Du hast deinem Knecht David, meinem Vater, große Huld erwiesen; denn er lebte vor dir in Treue, in Gerechtigkeit und mit aufrichtigem Herzen. Du hast ihm diese große Huld bewahrt und ihm einen Sohn geschenkt, der heute auf seinem Thron sitzt.

[7] So hast du jetzt, HERR, mein Gott, deinen Knecht anstelle meines Vaters David zum König gemacht. Doch ich bin noch sehr jung und weiß nicht aus noch ein. [8] Dein Knecht steht aber mitten in deinem Volk, das du erwählt hast: einem großen Volk, das man wegen seiner Menge nicht zählen und nicht schätzen kann.

[9] Verleih daher deinem Knecht ein hörendes Herz, damit er dein Volk zu regieren und das Gute vom Bösen zu unterscheiden versteht! Wer könnte sonst dieses mächtige Volk regieren?

[10] Es gefiel dem Herrn, dass Salomo diese Bitte aussprach. [11] Daher antwortete ihm Gott: Weil du gerade diese Bitte ausgesprochen hast und nicht um langes Leben, Reichtum oder um den Tod deiner Feinde,

sondern um Einsicht gebeten hast, um auf das Recht zu hören, [12] werde ich deine Bitte erfüllen. Sieh, ich gebe dir ein so weises und verständiges Herz, dass keiner vor dir war und keiner nach dir kommen wird, der dir gleicht.

[13]Aber auch das, was du nicht erbeten hast, will ich dir geben: Reichtum und Ehre, sodass zu deinen Lebzeiten keiner unter den Königen dir gleicht.[14] Wenn du auf meinen Wegen gehst, meine Gesetze und Gebote bewahrst wie dein Vater David, dann schenke ich dir ein langes Leben.

[15] Da erwachte Salomo und merkte, dass es ein Traum war. Als er nach Jerusalem kam, trat er vor die Bundeslade des Herrn, brachte Brand- und Heilsopfer dar und gab ein Festmahl für alle seine Diener.

Spirituelle Konversation

Spirituelle Konversation ist eine Gesprächsform,
die auf drei zentralen Haltungen basiert: Gebet,
aus dem Herzen sprechen, aktiv zuhören.

Jede Person meditiert zunächst allein über eine in der
Gruppe anstehende Frage oder ein gewähltes Thema.
Anschließend folgt strukturierter Austausch und
Gespräch in drei Runden:

1. Runde: Jede Person teilt in zwei bis drei Minuten
mit, was sie im Gebet bewegt hat. Die anderen hören
aufmerksam zu und nehmen wahr, was das von den
anderen Gesagte in ihnen auslöst.
2. Runde: Jede Person teilt wiederum kurz mit, was
die Worte der anderen in ihr bewegt haben. Leitend
sind die Fragen: Was hat mich berührt? Was hat mich
getröstet, bewegt oder getroffen? Auch hier wird nicht
diskutiert, sondern zugehört.
3. Runde: Die Personen versuchen nun festzustellen,
was sich im Gespräch zeigt. Sie tauschen sich über folgende Fragen aus: Welche gemeinsamen Linien zeich-
nen sich in der Gruppe ab? Welche Verschiedenheiten
sind festzuhalten? Welchen Ruf vernimmt die Gruppe?

Stille, ein Lied und ein Dankgebet können
das Gespräch abschließen.

Gerechtes Fasten und Halten des Sabbats
Jesaja 58

¹ Rufe aus voller Kehle, halte dich nicht zurück! Erhebe deine Stimme wie ein Widderhorn! Halt meinem Volk seine Vergehen vor und dem Haus Jakob seine Sünden! ² Sie suchen mich Tag für Tag und haben daran Gefallen, meine Wege zu erkennen. Wie eine Nation, die Gerechtigkeit übt und vom Recht ihres Gottes nicht ablässt, so fordern sie von mir gerechte Entscheide und haben an Gottes Nähe Gefallen.
³ Warum fasten wir und du siehst es nicht? Warum haben wir uns gedemütigt und du weißt es nicht? Seht, an euren Fasttagen macht ihr Geschäfte und alle eure Arbeiter treibt ihr an. ⁴ Seht, ihr fastet und es gibt Streit und Zank und ihr schlagt zu mit roher Gewalt. So wie ihr jetzt fastet, verschafft ihr eurer Stimme droben kein Gehör. ⁵ Ist das ein Fasten, wie ich es wünsche, ein Tag, an dem sich der Mensch demütigt: wenn man den Kopf hängen lässt wie eine Binse, wenn man sich mit Sack und Asche bedeckt? Nennst du das ein Fasten und einen Tag, der dem HERRN gefällt? ⁶ Ist nicht das ein Fasten, wie ich es wünsche: die Fesseln des Unrechts zu lösen, die Stricke des Jochs zu entfernen, Unterdrückte freizulassen, jedes Joch zu zerbrechen? ⁷ Bedeutet es nicht, dem Hungrigen dein Brot zu brechen, obdachlose Arme ins Haus aufzunehmen, wenn du einen Nackten siehst, ihn zu bekleiden und dich deiner Verwandtschaft nicht zu entziehen?

[8] Dann wird dein Licht hervorbrechen wie das Morgenrot und deine Heilung wird schnell gedeihen. Deine Gerechtigkeit geht dir voran, die Herrlichkeit des HERRN folgt dir nach. [9] Wenn du dann rufst, wird der HERR dir Antwort geben, und wenn du um Hilfe schreist, wird er sagen: Hier bin ich. Wenn du Unterjochung aus deiner Mitte entfernst, auf keinen mit dem Finger zeigst und niemandem übel nachredest, [10] den Hungrigen stärkst und den Gebeugten satt machst, dann geht im Dunkel dein Licht auf und deine Finsternis wird hell wie der Mittag. [11] Der HERR wird dich immer führen, auch im dürren Land macht er dich satt und stärkt deine Glieder. Du gleichst einem bewässerten Garten, einer Quelle, deren Wasser nicht trügt. [12] Die Deinen bauen uralte Trümmerstätten wieder auf, die Grundmauern vergangener Generationen stellst du wieder her. Man nennt dich Maurer, der Risse schließt, der Pfade zum Bleiben wiederherstellt. [13] Wenn du am Sabbat deinen Fuß zurückhältst, deine Geschäfte an meinem heiligen Tag zu machen, wenn du den Sabbat eine Wonne nennst, heilig für den HERRN, hochgeehrt, wenn du ihn ehrst, ohne Gänge zu machen und ohne dich Geschäften zu widmen und viele Worte zu machen, [14] dann wirst du am HERRN deine Wonne haben. Dann lasse ich dich über die Höhen der Erde dahinfahren und das Erbe deines Vaters Jakob genießen. Ja, der Mund des HERRN hat gesprochen.

Der barmherzige Samariter

Lukas 10,25–37

[25] Und siehe, ein Gesetzeslehrer stand auf, um Jesus auf die Probe zu stellen, und fragte ihn: Meister, was muss ich tun, um das ewige Leben zu erben? [26] Jesus sagte zu ihm: Was steht im Gesetz geschrieben? Was liest du? [27] Er antwortete: Du sollst den Herrn, deinen Gott, lieben mit deinem ganzen Herzen und deiner ganzen Seele, mit deiner ganzen Kraft und deinem ganzen Denken, und deinen Nächsten wie dich selbst. [28] Jesus sagte zu ihm: Du hast richtig geantwortet. Handle danach und du wirst leben! [29] Der Gesetzeslehrer wollte sich rechtfertigen und sagte zu Jesus: Und wer ist mein Nächster? [30] Darauf antwortete ihm Jesus: Ein Mann ging von Jerusalem nach Jericho hinab und wurde von Räubern überfallen. Sie plünderten ihn aus und schlugen ihn nieder; dann gingen sie weg und ließen ihn halbtot liegen. [31] Zufällig kam ein Priester denselben Weg herab; er sah ihn und ging vorüber. [32] Ebenso kam auch ein Levit zu der Stelle; er sah ihn und ging vorüber. [33] Ein Samariter aber, der auf der Reise war, kam zu ihm; er sah ihn und hatte Mitleid, [34] ging zu ihm hin, goss Öl und Wein auf seine Wunden und verband sie. Dann hob er ihn auf sein eigenes Reittier, brachte ihn zu einer Herberge und sorgte für ihn. [35] Und am nächsten Tag holte er zwei Denare hervor, gab sie dem Wirt und sagte: Sorge für ihn, und wenn du mehr für ihn brauchst, werde ich es dir bezahlen, wenn ich wiederkomme. [36] Wer von diesen dreien meinst du, ist dem der Nächste geworden, der von den Räubern überfallen wurde? [37] Der Gesetzeslehrer antwortete: Der barmherzig an ihm gehandelt hat. Da sagte Jesus zu ihm: Dann geh und handle du genauso!

Gott hat die Welt so sehr geliebt

Johannes 3,16–17

[16] Denn Gott hat die Welt so sehr geliebt, dass er seinen einzigen Sohn hingab, damit jeder, der an ihn glaubt, nicht verloren geht, sondern ewiges Leben hat. [17] Denn Gott hat seinen Sohn nicht in die Welt gesandt, damit er die Welt richtet, sondern damit die Welt durch ihn gerettet wird.

Die Fußwaschung
Johannes 13,1–15

[1] Es war vor dem Paschafest. Jesus wusste, dass seine Stunde gekommen war, um aus dieser Welt zum Vater hinüberzugehen. Da er die Seinen liebte, die in der Welt waren, liebte er sie bis zur Vollendung. [2] Es fand ein Mahl statt und der Teufel hatte Judas, dem Sohn des Simon Iskariot, schon ins Herz gegeben, ihn auszuliefern. [3] Jesus, der wusste, dass ihm der Vater alles in die Hand gegeben hatte und dass er von Gott gekommen war und zu Gott zurückkehrte, [4] stand vom Mahl auf, legte sein Gewand ab und umgürtete sich mit einem Leinentuch. [5] Dann goss er Wasser in eine Schüssel und begann, den Jüngern die Füße zu waschen und mit dem Leinentuch abzutrocknen, mit dem er umgürtet war. [6] Als er zu Simon Petrus kam, sagte dieser zu ihm: Du, Herr, willst mir die Füße waschen? [7] Jesus sagte zu ihm: Was ich tue, verstehst du jetzt noch nicht; doch später wirst du es begreifen. [8] Petrus entgegnete ihm: Niemals sollst du mir die Füße waschen! Jesus erwiderte ihm: Wenn ich dich nicht wasche, hast du keinen Anteil an mir. [9] Da sagte Simon Petrus zu ihm: Herr, dann nicht nur meine Füße, sondern auch die Hände und das Haupt. [10] Jesus sagte zu ihm: Wer vom Bad kommt, ist ganz rein und braucht sich nur noch die Füße zu waschen. Auch ihr seid rein, aber nicht alle. [11] Er wusste nämlich, wer ihn ausliefern würde; darum sagte er: Ihr seid nicht alle rein.

Darstellung der Fußwaschung am Portal der
Abteikirche St. Gilles-du-Gard in Südfrankreich.

[12] Als er ihnen die Füße gewaschen, sein Gewand wieder
angelegt und Platz genommen hatte, sagte er
zu ihnen: Begreift ihr, was ich an euch getan habe?
[13] Ihr sagt zu mir Meister und Herr und ihr nennt mich
mit Recht so; denn ich bin es. [14] Wenn nun ich, der Herr
und Meister, euch die Füße gewaschen habe, dann
müsst auch ihr einander die Füße waschen. [15] Ich habe
euch ein Beispiel gegeben, damit auch ihr so handelt,
wie ich an euch gehandelt habe.

Maria Knotenlöserin
Maria hilft, die Knoten zu lösen

Bild in der Kirche St. Peter am Perlach in Augsburg.
Gemalt um 1700 von Johann Georg Schmidtner.

Der Rosenkranz

Das Rosenkranzgebet bzw. der Rosenkranz ist eine alte und weit verbreitete Andachtsform in der katholischen Kirche. Er kann alleine oder in Gemeinschaft gebetet werden. Der abwechselnde und wiederholende Charakter des Gebetes schenkt innere Ruhe.

Im Mittelpunkt steht Jesus Christus. Mit Maria, seiner Mutter, schauen wir auf sein Leben. Maria hat Jesus gekannt wie kein anderer Mensch. In den Halbsätzen, die an das „Gegrüßet seist du, Maria ..." nach dem Namen „Jesus" jeweils angehängt werden, betrachten wir die Stationen des Lebens Jesu und die „Geheimnisse" unseres Glaubens.

„Rosenkranz" bezeichnet auch die Gebetskette, die beim Beten oft verwendet wird. Die Perlen des Rosenkranzes sind eine Hilfe beim Beten.

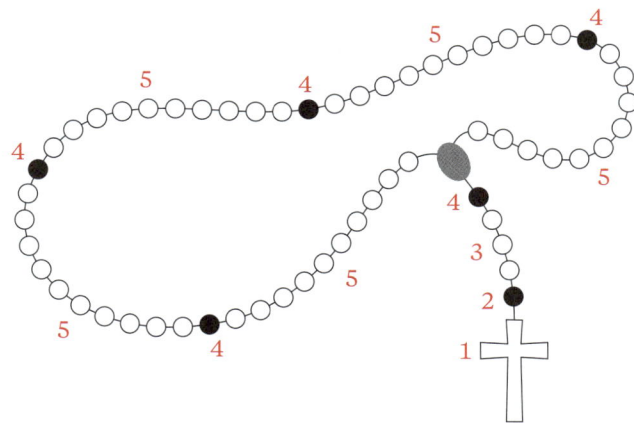

1. Kreuz für Kreuzzeichen, Glaubensbekenntnis und „Ehre sei dem Vater"
2. Perle für Vaterunser
3. Perlen für drei „Gegrüßet seist du, Maria" mit den Einfügungen „Glaube" / „Hoffnung" / „Liebe" und „Ehre sei dem Vater"
4. Perle für Vaterunser
5. Jeweils zehn Perlen für „Gegrüßet seist du, Maria"

Das Rosenkranzgebet beginnt mit dem Kreuzzeichen:
Im Namen des Vaters …
Es folgen das Glaubensbekenntnis:
Ich glaube an Gott, den Vater, den Allmächtigen …
und der Lobpreis des dreieinigen Gottes:
Ehre sei dem Vater …

Die erste Perle steht für das Gebet des Herrn:
Vater unser …

Die nächsten drei Perlen stehen für drei „Gegrüßet seist du, Maria", die um folgende Bitten ergänzt werden:

... *und gebenedeit ist die Frucht deines Leibes, Jesus, der in uns den Glauben vermehre.*

... *und gebenedeit ist die Frucht deines Leibes, Jesus, der in uns die Hoffnung stärke.*

... *und gebenedeit ist die Frucht deines Leibes, Jesus, der in uns die Liebe entzünde.*

Auf die dritte Bitte folgt wieder der Lobpreis:

Ehre sei dem Vater ...

Nun beginnen die Betrachtungen der „Geheimnisse": Eingeleitet werden sie mit einem Vaterunser. Ihm folgen jeweils zehn „Gegrüßet seist du, Maria" mit der Einfügung eines „Geheimnisses" (zum Beispiel: den du, o Jungfrau, vom Heiligen Geist empfangen hast). Nach zehn Wiederholungen wird dies mit einem „Ehre sei dem Vater..." abgeschlossen. Diese Folge bildet ein Gesätz. Die Betrachtung des nächsten Geheimnisses wird erneut mit einem Vaterunser eröffnet.

Die Gesätze des Rosenkranzgebetes werden jeweils in Fünfer-Gruppen zusammengefasst. Offiziell gibt es in der römisch-katholischen Kirche vier solche Gruppen (siehe nächste Seite). Außerdem ist es möglich, eigene Rosenkranzgeheimnisse zu formulieren.

Die freudenreichen Geheimnisse
1. den du, o Jungfrau, vom Heiligen Geist empfangen hast
2. den du, o Jungfrau, zu Elisabet getragen hast
3. den du, o Jungfrau, zu Betlehem geboren hast
4. den du, o Jungfrau, im Tempel aufgeopfert hast
5. den du, o Jungfrau, im Tempel wiedergefunden hast

Die lichtreichen Geheimnisse
1. der von Johannes getauft worden ist
2. der sich bei der Hochzeit von Kana offenbart hat
3. der uns das Reich Gottes verkündet hat
4. der auf dem Berg verklärt worden ist
5. der uns die Eucharistie geschenkt hat

Die schmerzhaften Geheimnisse
1. der für uns Blut geschwitzt hat
2. der für uns gegeißelt worden ist
3. der für uns mit Dornen gekrönt worden ist
4. der für uns das schwere Kreuz getragen hat
5. der für uns gekreuzigt worden ist

Die glorreichen Geheimnisse
1. der von den Toten auferstanden ist
2. der in den Himmel aufgefahren ist
3. der uns den Heiligen Geist gesandt hat
4. der dich, o Jungfrau, in den Himmel aufgenommen hat
5. der dich, o Jungfrau, im Himmel gekrönt hat

Formeln der katholischen Lehre

Die Zehn Gebote
vgl. Exodus 20,2–17 und Deuternomium 5,6–21

1. Ich bin der Herr, dein Gott.
   Du sollst keine anderen Götter neben mir haben.
2. Du sollst den Namen Gottes nicht verunehren.
3. Gedenke, dass du den Sonntag heiligst.
4. Du sollst Vater und Mutter ehren.
5. Du sollst nicht morden.
6. Du sollst nicht die Ehe brechen.
7. Du sollst nicht stehlen.
8. Du sollst kein falsches Zeugnis geben
   über deinen Nächsten.
9. Du sollst nicht die Frau deines Nächsten begehren.
10. Du sollst nicht das Hab und Gut deines Nächsten
    begehren.

Die beiden Gebote der Liebe
Matthäus 22,37.39

1. Du sollst den Herrn, deinen Gott, lieben
   mit ganzem Herzen, mit ganzer Seele
   und mit deinem ganzen Denken.
2. Du sollst deinen Nächsten lieben
   wie dich selbst.

Die goldene Regel
Matthäus 7,12

Alles, was ihr wollt, dass euch die Menschen tun,
das tut auch ihnen!

Die drei göttlichen Tugenden

1. Glaube
2. Hoffnung
3. Liebe

Die vier Kardinaltugenden

1. Klugheit
2. Gerechtigkeit
3. Tapferkeit
4. Mäßigung

Die sieben Gaben des Heiligen Geistes

1. Weisheit
2. Einsicht
3. Rat
4. Stärke
5. Erkenntnis
6. Frömmigkeit
7. Gottesfurcht

Die zwölf Früchte des Heiligen Geistes

1. Liebe
2. Freude
3. Friede
4. Geduld
5. Freundlichkeit
6. Güte
7. Langmut
8. Sanftmut
9. Treue
10. Bescheidenheit
11. Enthaltsamkeit
12. Keuschheit

Die sieben Hauptsünden

1. Stolz
2. Habsucht
3. Neid
4. Zorn
5. Unkeuschheit
6. Unmäßigkeit
7. Überdruss

Die sieben leiblichen Werke der Barmherzigkeit

1. Die Hungrigen speisen.
2. Den Dürstenden zu trinken geben.
3. Die Nackten bekleiden.
4. Die Fremden aufnehmen.
5. Die Kranken besuchen.
6. Die Gefangenen besuchen.
7. Die Toten begraben.

Die sieben geistigen Werke der Barmherzigkeit

1. Die Unwissenden lehren.
2. Den Zweifelnden recht raten.
3. Die Betrübten trösten.
4. Die Sünder zurechtweisen.
5. Die Lästigen geduldig ertragen.
6. Denen, die uns beleidigen, gerne verzeihen.
7. Für die Lebenden und für die Toten beten.

Die fünf Gebote der Kirche

1. Am Sonntag und an den anderen gebotenen Feiertagen an der Messe teilnehmen und keine Arbeiten und Tätigkeiten verrichten, welche die Heiligung dieser Tage gefährden.
2. Wenigstens einmal im Jahr die eigenen Sünden beichten.
3. Wenigstens zu Ostern das Sakrament der Eucharistie empfangen.
4. Die von der Kirche gebotenen Fast- und Abstinenztage halten.
5. Im Rahmen der eigenen Möglichkeiten der Kirche in ihren materiellen Erfordernissen beistehen.

Der lächelnde Christus
Schlosskapelle Javier/Spanien

Der heilige Franz Xaver SJ (1506–1552)
betete vor dieser Darstellung des Gekreuzigten.

Die Seligpreisungen
Matthäus 5,3–12

[3] Selig, die arm sind vor Gott;
denn ihnen gehört das Himmelreich.
[4] Selig die Trauernden;
denn sie werden getröstet werden.
[5] Selig die Sanftmütigen;
denn sie werden das Land erben.
[6] Selig, die hungern und dürsten nach der Gerechtigkeit;
denn sie werden gesättigt werden.
[7] Selig die Barmherzigen;
denn sie werden Erbarmen finden.
[8] Selig, die rein sind im Herzen;
denn sie werden Gott schauen.
[9] Selig, die Frieden stiften;
denn sie werden Kinder Gottes genannt werden.
[10] Selig, die verfolgt werden um der Gerechtigkeit willen;
denn ihnen gehört das Himmelreich.
[11] Selig seid ihr, wenn man euch schmäht und verfolgt
und alles Böse über euch redet um meinetwillen.
[12] Freut euch und jubelt: Denn euer Lohn wird groß
sein im Himmel. So wurden nämlich schon vor euch
die Propheten verfolgt.

Das Hingabegebet
Exerzitienbuch des Hl. Ignatius, Nr. 234

Nimm hin, Herr, und empfange
meine ganze Freiheit, mein Gedächtnis,
meinen Verstand und meinen ganzen Willen,
all mein Haben und Besitzen.
Du hast es mir gegeben;
dir, Herr, gebe ich es zurück.
Alles ist dein, verfüge nach deinem ganzen Willen.
Gib mir deine Liebe und Gnade,
denn diese genügen mir.

Zur persönlichen Meditation

Ich werde still, spüre meinen Atem.
Ich stelle mich in Gottes Gegenwart.
Ich bete: Nimm hin, Herr, und empfange …
… die Früchte meiner Arbeit
… meine Mühen, Ängste, Leiden
… meine Schuld
… meine Sehnsüchte, Wünsche, Bitten
… meine Mitmenschen, nah und fern
… meine geliebten Verstorbenen.

Nimm hin, Herr, und empfange. Alles ist dein.
Sume, Domine, et suscipe. Omnia tua sunt.

Gebet für unsere Erde

Papst Franziskus, Enzyklika „Laudato si'"

Allmächtiger Gott,
der du in der Weite des Alls gegenwärtig bist
und im kleinsten deiner Geschöpfe,
der du alles, was existiert,
mit deiner Zärtlichkeit umschließt,
gieße uns die Kraft deiner Liebe ein,
damit wir das Leben und die Schönheit hüten.

Überflute uns mit Frieden,
damit wir als Brüder und Schwestern leben
und niemandem schaden.

Gott der Armen,
hilf uns,
die Verlassenen und Vergessenen dieser Erde,
die so wertvoll sind in deinen Augen,
zu retten.

Heile unser Leben,
damit wir Beschützer der Welt sind
und nicht Räuber,
damit wir Schönheit säen
und nicht Verseuchung und Zerstörung.

Rühre die Herzen derer an,
die nur Gewinn suchen
auf Kosten der Armen und der Erde.

Lehre uns,
den Wert von allen Dingen zu entdecken
und voll Bewunderung zu betrachten;
zu erkennen, dass wir zutiefst verbunden sind
mit allen Geschöpfen
auf unserem Weg zu deinem unendlichen Licht.

Danke, dass du alle Tage bei uns bist.

Ermutige uns bitte in unserem Kampf
für Gerechtigkeit, Liebe und Frieden.

Isenheimer Altar

Johannes der Täufer zeigt mit seinem
langen Zeigefinger auf Jesus.
Zentrales Bild des Isenheimer Altars.
Geschaffen von Matthias Grünewald von 1512–1516
für das Antoniterkloster in Isenheim/Elsass.
Heute zu sehen im Museum Unterlinden
in Colmar/Frankreich.

P. Robert Deinhammer SJ
geb. 1977

interessiert sich für philosophische
und fundamentaltheologische
Fragen. Er arbeitet als Studienpräfekt
und Seelsorger in Innsbruck.

robert.deinhammer@jesuiten.org

P. Dominik Markl SJ
geb. 1979

stammt aus Tirol und liebt die Berge.
Er ist Professor für Altes Testament
an der Kath.-Theol. Fakultät der
Universität Innsbruck.

dominik.markl@uibk.ac.at

P. Bruno Niederbacher SJ
geb. 1967

ist Spiritualität wichtig – und er
spielt gerne Klavier und Bassgitarre.
Er lehrt philosophische Ethik
an der Universität Innsbruck.

bruno.niederbacher@uibk.ac.at